北京市海淀区文明市民学校教材

让文明流行起来

Make civilization more popular

◎ 王雪松 编著

北京理工大学出版社
BEIJING INSTITUTE OF TECHNOLOGY PRESS

版权专有　侵权必究

图书在版编目（CIP）数据

让文明流行起来 / 王雪松编著. —北京：北京理工大学出版社，2019.12
ISBN 978-7-5682-8010-5

Ⅰ. ①让…　Ⅱ. ①王…　Ⅲ. ①社会公德教育–中国–教材　Ⅳ. ①D648.3

中国版本图书馆 CIP 数据核字（2019）第 285102 号

出版发行 /	北京理工大学出版社有限责任公司
社　　址 /	北京市海淀区中关村南大街 5 号
邮　　编 /	100081
电　　话 /	（010）68914775（总编室）
	（010）82562903（教材售后服务热线）
	（010）68948351（其他图书服务热线）
网　　址 /	http://www.bitpress.com.cn
经　　销 /	全国各地新华书店
印　　刷 /	保定市中画美凯印刷有限公司
开　　本 /	787 毫米×1092 毫米　1/16
印　　张 /	13
字　　数 /	136 千字
版　　次 /	2019 年 12 月第 1 版　2019 年 12 月第 1 次印刷
定　　价 /	68.00 元

责任编辑 / 徐艳君
文案编辑 / 徐艳君
责任校对 / 周瑞红
责任印制 / 李志强

图书出现印装质量问题，请拨打售后服务热线，本社负责调换

序言 XUYAN

文明，是社会进步和国家发展的重要标志，在社会主义核心价值观中，集中体现着社会主义先进文化的前进方向和社会主义精神文明的价值追求，是实现中华民族伟大复兴的重要支撑。

党的十八大以来，党中央对精神文明建设高度重视。习近平总书记指出："没有文明的继承和发展，没有文化的弘扬和繁荣，就没有中国梦的实现。"将文明上升到兴国之魂的高度，成为国家发展的灵魂和精神动力。可见，文明既是国家软实力，又是国民硬素质。当今时代，弘扬践行社会主义核心价值观，就要深刻理解"文明"的内涵，将其内化为每个人的核心价值理念，从提高每个人的文明素养做起，使每个人都成为文明的人。

"文明是实践的事情，是一种社会品质。"历史充分证明，无数中华儿女的文明伟大实践，创造了中华民族的辉煌灿烂文明，为人类发展进步作出了巨大贡献。如：华罗庚放弃美国的终身教授职务和丰厚待遇，毅然回国，在新中国开展应用数学的研究，用数学解决了大量生产中的实际问题，被称为"人民的数学家"；钱学森怀揣报效祖国梦想，不顾阻挠，回到了新中国，为中国科技发展作出了卓越贡献；邓稼先在美国获得物理学博士学位后回国，担当起开拓祖国核事业的重任，为中国核武器、原子武器的研发作出了伟大贡献，被称为"两弹元勋"；我国著名文学家

让文明流行起来

茅盾先生生活简朴，临终前捐献25万元稿费设立茅盾文学奖，是中国第一个以个人名义命名的文学奖，是中国具有最高荣誉的文学奖项之一，对鼓励优秀长篇小说创作、推动中国社会主义文学的繁荣发展产生了深远影响……正是他们以文明实践的行动，成就了伟大梦想，塑造了高尚品质，在社会上产生了深刻的认同感和强烈的责任感，形成了强大的社会凝聚力，让崇尚文明、践行文明在社会流行起来。如今不断涌现出的助人为乐、见义勇为、诚实守信、敬业奉献、孝老爱亲等新时代道德楷模，成为推动国家发展和社会文明进步的重要力量。

在新形势下，为了更好地弘扬和倡导文明新风，推动核心价值观融入社会发展各方面，转化为人们的情感认同和行为习惯，升华为人们的家国情怀和精神追求，在全社会形成争做文明人、传播正能量的良好氛围，编者结合多年从事社区教育工作的经验，查阅了大量资料，汇聚了多种学科背景人才共同参与，集思广益，编写了这本《让文明流行起来》。本书共分为助人为乐、见义勇为、诚实守信、敬业奉献、孝老爱亲等五个部分。在编写过程中，编者紧扣社会主义核心价值观主线，力求突出新时代特点，列举丰富生动的故事，给人以思想启迪，从而凝聚文明力量，内化于心、外化于行，让文明在全社会流行起来！

希望本书的出版对推动精神文明建设工作、引领社会文明风尚起到"锦上添花"的作用。本书在编写过程中，由于时间仓促和编者能力水平有限，难免会出现纰漏，敬请读者批评指正！

编　者

2019年7月于北京

MULU 目录

第一章　纾困解难存善意　送人玫瑰留余香 ………………………………… 1

一、帮助他人　快乐自己 ………………………………………………… 2

（一）"乐"之见 ……………………………………………………… 2

（二）"乐"之成 ……………………………………………………… 4

（三）"乐"之乐 ……………………………………………………… 5

二、助人美德　广为流传 ………………………………………………… 6

（一）做好事贵在坚持 ……………………………………………… 7

（二）积小善可成大德 ……………………………………………… 11

（三）感恩社会传递爱心 …………………………………………… 17

三、勇于助人　倡导新风 ………………………………………………… 23

（一）热心助人做好事 ……………………………………………… 23

（二）了解需求不添乱 ……………………………………………… 23

（三）智慧助人"免受伤" …………………………………………… 25

四、结语 …………………………………………………………………… 27

第二章　侠肝义胆壮河山　临危不惧显英雄 ………………………………… 29

一、古代先贤的义勇之举 ………………………………………………… 30

（一）先秦诸子的"义""勇"之辩 …………………………………… 30
　　（二）从汉到唐的"重侠尚义" …………………………………… 32
　　（三）宋明时期的"义勇气节" …………………………………… 34

二、当今时代的百姓英雄 …………………………………………… 36
　　（一）少年英雄——姜程威 …………………………………… 36
　　（二）最美村民——李明君 …………………………………… 38
　　（三）人民英雄——牛利 ……………………………………… 40
　　（四）英雄理发师——郑兴昌 ………………………………… 43
　　（五）正义的守护者——刘立军 ……………………………… 45
　　（六）烈火营救英雄——杨林江 ……………………………… 47
　　（七）以身挡车的人民教师——李芳 ………………………… 49

三、新时期新时代弘扬见义勇为 …………………………………… 52
　　（一）政策倡导　弘扬社会正气 ……………………………… 52
　　（二）挺身而出　践行正义之举 ……………………………… 53
　　（三）见义勇为　更要谋略智取 ……………………………… 54

四、结语 ……………………………………………………………… 55

第三章　为人有道讲诚实　处世无欺唯守信 …………………… 57

一、古往今来谈诚信　为人处世见品德 …………………………… 58
　　（一）先秦时期：诚信见于百家争鸣 ………………………… 58
　　（二）秦唐时期：诚信是道德和国家理念 …………………… 63
　　（三）宋明时期：诚信哲理化倾向明显 ……………………… 66

（四）明清时期：诚信使人求财更重义 …………………………………… 71

二、新时代凡人小事　好榜样朴实言语 …………………………………… 78
　　（一）良心与坚持 …………………………………………………………… 78
　　（二）带着感恩来还债 ……………………………………………………… 82
　　（三）当代企业家的责任 …………………………………………………… 87
　　（四）失信非小事 …………………………………………………………… 92

三、言行举止有规矩　制度监管知敬畏 …………………………………… 97
　　（一）从身边小事做起 ……………………………………………………… 97
　　（二）良好家风添助力 ……………………………………………………… 99
　　（三）社会监督无死角 ……………………………………………………… 101

四、结语 ……………………………………………………………………… 104

第四章　潜心敬业创佳绩　无私奉献写春秋 …………………………… 105

一、无我境界　夙夜在公 …………………………………………………… 106
　　（一）无我之境 ……………………………………………………………… 106
　　（二）崇高使命 ……………………………………………………………… 110
　　（三）价值认同 ……………………………………………………………… 114

二、心中有梦　胸怀家国 …………………………………………………… 116
　　（一）守得沙漠变绿洲——"六老汉""三代人" ………………………… 116
　　（二）雪线邮路的忠诚信使——其美多吉 ………………………………… 120
　　（三）与时俱进的"蓝领工匠"——张黎明 ……………………………… 122
　　（四）胸怀大爱，造福患者——王逸平 …………………………………… 124

（五）用生命践行航空报国——罗阳 ………………………………… 127

（六）大漠铸核盾，生命写忠诚——林俊德 …………………………… 129

（七）"当代神农"改变世界——袁隆平 ………………………………… 131

三、脚踏实地　奋发有为 ……………………………………………………… 134

（一）坚守职业信念 ……………………………………………………… 134

（二）增强岗位本领 ……………………………………………………… 136

（三）发扬奉献精神 ……………………………………………………… 137

四、结语 ………………………………………………………………………… 138

第五章　孝老德范载千秋　爱亲和美吟新曲 ……………………………… 141

一、孝老爱亲千载美德 ………………………………………………………… 143

（一）孝敬老人　爱护亲人 ……………………………………………… 143

（二）听古圣先贤怎么说 ………………………………………………… 151

（三）孝情非小道，事关家国兴 ………………………………………… 159

二、孝老爱亲浸润亲情 ………………………………………………………… 166

（一）李密——一篇《陈情表》，千载孝亲情 ………………………… 166

（二）缇萦救父——孝心和勇气成就的千古佳话 ……………………… 167

（三）方观承兄弟——跋涉千里为探亲 ………………………………… 168

（四）邢连凤——带着公公出嫁的"好媳妇" ………………………… 169

（五）张娇——背着母亲上大学的最美大学生 ………………………… 172

（六）谢淑华——用板车拉着母亲游走全国的退休教师 ……………… 174

（七）周泊霖——每天下班不忘给父母打洗脚水的企业家 …………… 177

（八）李金康——50年来一直生活在浓浓亲情中的残疾人 …… 179

（九）《小姑贤》——一部反映婆媳、姑嫂关系的传统戏曲 …… 180

（十）田仲生——孝子故里的大孝子 …… 182

三、孝老爱亲共同责任 …… 185

（一）孝老爱亲的"老问题" …… 185

（二）孝老爱亲的"新钥匙" …… 190

四、结语 …… 193

后记 …… 194

第一章
纾困解难存善意
送人玫瑰留余香[1]

俗话说得好,"赠人玫瑰,手留余香"。助人为乐作为中华民族的传统美德,已经传承并发扬数千年,这种美德代代相传,源远流长。

正如电视连续剧《1+1 你加我》的主题曲《让爱传出去》的歌词中唱道:"爱是看不见的语言,爱是摸不到的感觉,爱是我们小小的心愿,希望你平安快乐永远。爱是仰着头的喜悦,爱是说不出的感谢,爱是每天多付出一点点,双手合十不在乎考验。让爱传出去,它像阳光温暖我和你,不管有多遥远,总有到的那一天。让爱传出去,那前方漫漫人生路,有你的祝福,没有过不去的苦……"在人们生活中,人与人之间需要互相帮助,助人为乐是一种社会公德,是一个人文明行为的展现,也是人们推崇的道德规范。

---

[1] 本章的案例均选自中国文明网。

一、帮助他人　快乐自己

助人为乐是中华民族的传统美德,是衡量公民道德观和社会进步的标尺之一。现阶段,我们已进入中国特色社会主义新时代,加强物质文明和精神文明建设,推动经济社会发展,是文明社会发展的必然要求,也是人民追求美好幸福生活的期盼。

当今社会,人们无论是在生活中还是工作中,都会遇到这样或那样的困难,这时,说出一句安慰话,伸出一双热情手,都会令人感动。助人为乐是不图回报的付出,在帮助别人的同时,也会给自己带来欣慰和愉悦之感,彰显出崇高的精神境界,使自己的人生因助人为乐而绽放出文明的光芒。

(一)"乐"之见

通常,精神上获得的快乐被称为一种高级的快乐,是人们真实享有的快乐。在这里所讲的助人为乐之人,在帮助他人解决困难的同时,也能够体会到精神快乐和自我成就感。助人之乐,不是肉体感官之乐,而是内在、恒久的精神自豪感,在本质上有别于名利之乐。在现实生活中,人人都想拥有快乐,躲避苦难,过惬意的生活,更有甚者痴迷于追求名利的"外在利益",在他们的德性活动中,遗忘了崇高、神圣的精神快乐,这种快乐是"小我快乐"。只有胸怀大局、情系他人、摆脱自我狭隘主义的人,在助人为乐中才能体会到精神的满足,实现生活乐趣、人生价值的最大化。

第一章　纾困解难存善意　送人玫瑰留余香

把爱播撒进留守儿童的心房

2007年度感动中国人物、湖南省第十三届人大代表、"富心工程"创办人李丽，虽然身患残疾，心灵却唱出强者之歌。她坐在轮椅上为贫困山区的留守儿童四处奔波，致力于未成年人的心灵补钙，助其实现心灵的富有。多年以来，这位"心灵天使"将足迹遍及长沙、衡阳、永州等地的35个贫困县，结合特殊群体的实际需求，已直接服务少年儿童达6万人，其中包括建档立卡的贫困孩子4 600余人。李丽的"心理扶贫"温暖了无数颗留守心灵。接受、回报、延伸，她用轮椅为爱心画出最美的轨迹。李丽把"富心工程"打造成留守儿童心中的花园，在这里有乐观的种子，有积极向上的种子，有自信的种子，有爱的种子，有阳光、春雨与和风，让留守儿童心中开出芬芳绚丽的花朵，成就一个个丰饶、富有的心灵世界。

这些年，李丽高举"富心工程"旗帜，开展社会主义核心价值观巡讲150余场，走进了湖南省35个贫困县，对40余所农村中小学校进行了扶志扶心教育活动。在大山深处，李丽经常和年轻的小伙伴们一同在车灯下开会、备课，即使有蜘蛛的袭扰，飞蛾的造访，她也不曾有过懈怠。李丽在安抚留守儿童的心灵的同时，也从中升华了自己的心灵和人生的价值。

社会呼唤像李丽这样的个人或群体来关注留守儿童的健康成长，不再让这些孩子孤单寂寞，给予他们更多的温暖和帮助，减轻他们从小承受的命运之重，点燃他们的心灵之光，照亮他们的健康成长之路。

（二）"乐"之成

一个人能够完全抛弃名利等"外在利益"，将全部精力投入德性完善的人生追求中，坚持助人之"乐"精神，尽自己的最大能力协助他人排忧解难，而从不去考虑个人利益的得与失，在平凡的小事上彰显出道德力量，才是最受敬仰的精神境界。

华侨爷爷"痴心"助学乐在其中

李体坚是永州市原侨联主席，曾荣获"全国归侨侨眷先进个人"荣誉称号，被国务院授予"爱国奉献奖"，在2016年湖南省"身边的雷锋"群众推选活动中，他被评选为"雷锋式人民公仆"。

2006年3月，他从新闻媒体获知零陵区接履桥镇中心小学遭遇洪水，立即前往查看，发现该小学食堂破旧，寄宿学生无处用餐，师生无澡堂洗澡，当即决定捐献养老金23万元，用以修建多功能食堂，进行基础设施维护，以及教学楼的翻修等。更让人感动的是，接下来的十年里，老人几乎每学期都会从接履桥镇中心小学各年级中选出10名成绩优异的贫困学生，给予每人150～200元助学资金。

多年以来，他勤俭生活，节约下自己的退休金，陆续资助大埔莒村、蔡市小学、零陵区翙翔小学、江华县秀文小学、长沙县双江小学等300多名农村贫困优秀女生以及永州市江华、冷水滩、醴陵等地的52名特困生，帮助他们完成学业。

哪里有困难，哪里就牵动着他的心。资助过多少贫困学生，捐赠了多少物资和善款，李体坚自己也记不清楚了。虽年至古稀，李体坚还时常赴贫困地区看望贫困学生，为他们排忧解难，纾困帮扶。谈及多年来的慈善之旅，李体坚说自始至终只为"感恩"。现如今，受李体坚资助过的学生已奔赴不同的工作岗位，以感恩之心回报社会。

（三）"乐"之乐

助人为乐是道德准则的基本要求，也是文明素养的外在展现。如果我们的社会缺少关爱，就如同我们的生活缺少阳光一样。所以说，"助人"是人生最大的快乐，帮助他人的过程，也是净化心灵、升华人格的过程。

大爱无国界——五人搜救小组的国际救援

助人为乐，在于无私、不求回报地帮助他人。朱海庆、刘凯敏、洪广华、刘麒、陈鑫等五位年轻人在国际救援中的助人行为，彰显了国际人道主义救助精神。

2018年7月23日，老挝阿速坡省发生水电站溃坝灾难，造成了老挝建国以来最大灾难。事故发生后，来自江西上饶的朱海庆、刘凯敏、洪广华、刘麒4人与来自重庆的陈鑫，奔赴老挝灾区组成搜救小组，开始了搜救工作。

历时12天，5名队员蹚着齐腰深的污泥，深入灾难废墟、原始森林，早出晚归。他们运用卫星地图、航拍影像及等高线地理数据进行分析，寻访当地驻军和灾民。最终，朱海庆等5人搜救小组搜救灾难幸存者25人，并及时转移伤员和孕妇到"和平列车"中国医疗队救治，得到了老挝政府、当地灾民、华人华侨、中国使领馆的好评和嘉奖，为老挝阿速坡省溃坝救援工作作出了突出贡献。

朱海庆等5人搜救小组，推崇助人之"乐"，追寻内在的精神快乐，把德性完善看作人生中重要的价值取向；他们时刻保持崇高的责任感和使命感，在助人的实践行动中，表现出道德自觉自主的精神境界；他们始终秉持着助人"乐"己的价值观念，彰显"人我合一"的"他者"情怀，深刻表达出人类社会人际关系搭建的伦理需要。因此，当遭遇灾难时，无须考虑肤色、种族、国界，每个人都要行动起来，竭尽所能地伸出援手，贡献一份力量。

■ 二、助人美德　广为流传

有一位诗人曾说过："只要你怀有坚定的信念，人生的旅程一定会光辉灿烂；只要你怀有爱心好善，生命的花园一定会芬芳吐艳。"当我们打开中国文明网"中国好人榜"时，会看到捐款救助、扶贫济困、志愿服务、热心公益等这样一群人，虽然他们做的事情都不是惊天动地的大事，但这些凡人善举的小事，却把爱洒满了人间，使人感悟到他们的平凡和伟大，感受到了社会的温暖。正是因为这群人心怀爱心，把"助人为乐"当成自己的道德义务，向社会、他人奉献出自己的爱心，不图名利，不求回报，因而得到了社会的尊重，他们个人也收获了快乐和幸福。这些平凡的人，用具体的行动践行着助人为乐的意义，铸就了不平凡的人生轨迹。

（一）做好事贵在坚持

常言道：做好事不难，难的是一辈子做好事。可是现实中就有这样一群人，把做好事当成了人生信条，将助人为乐这件事坚持了十年、二十年，甚至一生。

1. 温暖抚顺好榜样——张光付

张光付，武警辽宁总队抚顺支队五中队副中队长。这个32岁的年轻军官，是抚顺市中和村贫困户公认的好儿子，是云南省云旅希望小学孩子们眼中的好叔叔，是身边战友纷纷点赞的好榜样。

2009年的一天，张光付陪战友到抚顺市中医院看病，看到一位老人背着老伴步履蹒跚地上楼，他赶紧跑过去背起患病的老人，并排队挂号、交费看病。老人叫申家福，孩子在外打工，老伴赵淑芬患有股骨头坏死，治病吃药几乎花光了家里的积蓄。临别时，张光付要了老人的住址。从此之后，干农活、买粮食、收拾院落……寒来暑往，张光付一有空就来看望二老。邻居都夸老两口有福气，添了这么一个孝顺的"好儿子"。

（图片来源：http://www.81.cn/jwgz/2019-03/07/content_9443790.html）

后来，张光付还决定尽力把村里的贫困户都"管"上。为此，他专门制订了一本《帮扶计划本》，在上面详细记录每个受助对象的情况。

2013年3月5日，张光付和战友们发起并成立了"光付之光"爱心团队，并吸引了越来越多的人加入帮贫济困的队伍中。"6年来，'光付之光'爱心团队成员由最初的7人，发展到现在的千余人，部队官兵、地方大学生以及社会爱心人士陆续加入。"中共抚顺市委常委、宣传部部长戴小梅说，"抚顺是雷锋的第二故乡，是雷锋精神的发祥地。如今，和张光付一起学雷锋，已成为抚顺市一道靓丽的风景线。"

张光付累计资助贫困学生、困难群众1 600余人，捐款30多万元，被誉为"全国向上向善好青年"。他用10余载的奉献与爱心汇聚成一束光，这束光，给人以贴心的温暖，照亮了千百人，感动了一座城。

2012年，张光付被评为抚顺市第六届"百姓雷锋"，颁奖词这样写道："无上光荣的光，无悔付出的付，他以爱心为柴，让名字有了暖人的温度。"

2. 圆少年读书梦——何建金

何建金是吴中区光福镇财政系统的一名基层干部，同时也是一名从事十多年西部助学工作的志愿者。2007年，何建金从网上了解到青海玉树的学生上学需要资助，便毫不犹豫地认捐了两名学生，从此开启了他的西部助学之旅。

2008年，格桑花西部助学组织在苏州成立了志愿团队，何建金作为团队领头人，利用自身财务专业知识的优势，帮助格桑花西部助学组织设计完善财务管理制度并严格把关，使得这个社会组织具备了一整套公开透明、完整规范的财务管理制度。2010年，格桑花西部助学组织的主要项目地玉树发生7.1

级大地震,格桑花西部助学组织迅速启动了救灾工作。何建金作为格桑花西部助学组织的核心志愿者也参与了玉树的赈灾工作。

在玉树赈灾期间,他了解到西部的孩子们非常渴望去外面的世界看看,于是他暗下决心,除了资助他们上学,一定要带一些孩子去东部的城市看看。2012年,通过义卖珍藏的唐卡和寻求周边朋友的资助等方式,他筹集了5.8万元,终于让第一批西部孩子踏上了去苏州的火车,他为这次活动起名"行走的格桑花"。

为了给更多的西部孩子一次走出大山看世界的机会,2013年,在吴中区团委和穹窿山风景区的支持下,他发起了"穹窿山行走的格桑花"公益徒步活动,将徒步健身和公益慈善相结合,为西部孩子筹集拓展营所需的旅费。截至2018年年底,公益徒步活动已经成功地举办了六届,参与公益徒步的人数达18 000多人次,为400多名西部孩子筹集了外出游学的费用。6年来,参与公益徒步活动服务的志愿者达1 300多人次。

十多年来,何建金一直奔波在助学路上,截至2018年年底,他的团队共资助了2 200多名西部学生完成学业,累计资助款项达500多万元。

(图片来源:https://dwz.cn/pG6782Y0)

从2007年到2018年，何建金将西部助学这件有意义的好事坚持了十余年，一串串数字不是看起来那么简单，而是一笔一画地记录了他十余年助人为乐的坚持。

3. 义务植树老人——李洪占

（图片来源：中新网）

蔡家堡乡后湾村，地处湟水北岸山区，常年干旱少雨，树木成活率低。老百姓说，这里是个"荒土岭、栽死鸟"的蛮荒之地。1933年，李洪占出生在这片土地上。记忆中，伴随他童年的就是一年到头肆虐的狂风和山坡上扬起的尘土，整座大山几乎看不到几棵绿色的树……23岁那一年，他在家乡的荒山头栽下第一棵树苗。也就是从那时开始，他日复一日地造绿、守绿、护绿，终将昔日光秃秃的大山变成如今纵横方圆的万亩林海。

60多年来，李洪占参加过当年生产队组织的植树造林活动，后来又响应过"要致富多种树"的号召，再后来，他又在全乡第一个响应退耕还林。

如今，李洪占家已是四世同堂，妻子已经离世30年，7个儿女经常劝老人在家颐养天年，享受天伦之乐，可老人就是闲不下来。"在家里闲着干什么？我能动一天就种一天的树，树林就是我给后人留下的念想。"这是一种信念。如果一个人有足够的信念，他就能创造奇迹。

乡亲们这样评述李洪占："西宁市有个种树的老人叫尕布龙，他的事迹很突出，李洪占是咱们后湾村的'尕布龙'。"

他用一生干了一件事情——种树。在蔡家堡乡以及周边的乡镇，这位植树老人可谓家喻户晓，乡亲们尊敬他，佩服他。

李洪占老人坚守大山60余年，用一把镐头、一把铁锹种绿了蔡家堡的每个山头，用毕生的心血谱写了一曲动人的林海恋歌，在乡土大地树立起一座执着坚守、不求名利的精神丰碑。

（二）积小善可成大德

有一首歌这样唱道："这是心的呼唤，这是爱的奉献，这是人间的春风，这是生命的源泉。再没有心的沙漠，再没有爱的荒原，死神也望而却步，幸福之花处处开遍。只要人人都献出一份爱，世界将变成美好的人间……"这首歌唤醒了人们的良知，唱出了爱的真谛。只有人人都献出一份爱，积小善成大德，才能汇聚成强大的社会文明力量，形成"人人为我、我为人人"的良好社会氛围。

1. 时代楷模——郭明义

郭明义是鞍钢矿业公司齐大山铁矿生产技术室采场公路管理员，也是一名优秀的共产党员,更是时代楷模。

(图片来源:http://www.sasac.gov.cn/n2588020/n2877938/n2879597/n2879599/c10015089/content.html)

他追求纯粹,做好事不求人知,矢志不渝地追求真善美。他善小而为,15年里每天提前2小时上班。1994年开始,郭明义参加希望工程捐资助学活动,累计资助180多名困难学生完成学业,为失学儿童、受灾群众捐款12万元。20年来他55次无偿献血,挽救了数十人的生命。他所在采矿作业区的一个班组30名工友中有23人受过他的直接资助。他常对妻子说:"同那些特困家庭相比,我们还算富裕,尽我们所能去帮助他们,会活得充实而快乐!"

第一章 纾困解难存善意 送人玫瑰留余香

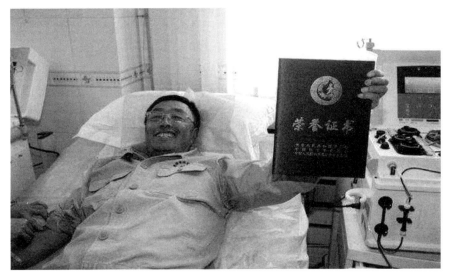

（图片来源：http://www.66wz.com/news/system/2011/06/15/102577694.shtml）

郭明义，数十年如一日地用自己的博大爱心，捐资助学、无偿献血，担当起了社会责任，以其高尚人格和满腔热血铸就了人间大爱，为我们树立了时代楷模。

2. 京城活雷锋——孙茂芳

在2014年3月2日召开的"第十一届中国公民道德论坛"上，素有"京城活雷锋"美誉的孙茂芳老人，从中共中央政治局委员、中宣部部长刘奇葆手中接过中央文明委"当代雷锋"光荣证书，成为继郭明义、庄仕华之后全国第三位获此殊荣的道德楷模，也是北京市获得该荣誉的第一人。

中央文明委表彰决定指出，孙茂芳老人几十年如一日，不为名不图利，始终坚守共产党人的精神追求，永葆为民爱民的高尚情怀，学雷锋做好事，助人为乐，敬老爱老，无微不至地照顾孤残老人，满腔热忱地帮助贫困家庭，组织发起爱心公益活动，以自己的实际行动，生动诠释了雷锋精神，实践了雷锋精神，传播了雷锋精神，赢得社会广泛赞誉，被人们亲切地称为"京城活雷锋"。

让文明流行起来

（图片来源：http://blog.sina.com.cn/s/blog_15ed06f7e0102wpc3.html）

孙茂芳老人的一件件、一桩桩助人为乐的感人故事，平常而真实，平凡而伟大，她用40年的光阴，谱写了一曲"当代雷锋"颂歌，值得我们永远传唱。

3. 爱心婆婆——宋淑芳

四川省自贡市富顺县后街社区74岁的老人宋淑芳，以她温馨的关爱，担起了一份执着的承诺。宋淑芳在11年间的每个周末义务教导社区的孩子们，先后累计培养100余人，从未收取过孩子们任何费用，居民们称辅导班为"爱心辅导班"，亲切地称宋婆婆为"爱心婆婆"。

青石板、小瓦屋，如今的后街社区依旧保持着清末民居的风貌。但在经济生活水平不断提高的社会，社区的年轻人大多都外出务工，留下年老的父母和年幼的子女在老屋子里生活。由于缺失父母的关爱，一些孩子变得性格孤僻、好耍贪玩。爬树、摘花、打架、恶作剧成了他们的课余生活。院子里被孩子们搅得不得安宁，家庭教育的缺失也对孩子们的成长十分不利。宋淑芳老人看在眼里，急在心上。

第一章 纾困解难存善意 送人玫瑰留余香

（图片来源：http://www.sohu.com/a/279049155_672866）

2007年3月25日下午，有7个孩子把柴火堆上的木头扔得满院都是。宋淑芳老人看着这些淘气的孩子，又生气又心急。她没有向孩子们发火，而是把孩子们招呼过来，一边招待他们吃糖果，一边耐心地给他们讲故事，教导他们要做懂礼貌有教养的好孩子，并对孩子说，如果还想听故事，每周都可以到宋婆婆这里来。第二个周末，孩子们真的来了，她兑现了自己对孩子们的承诺，也萌生出办免费义务课外辅导班的想法。在做通了家人思想工作后，宋淑芳将两张饭桌拼成课桌，卸下门板作黑板，掏钱买来粉笔、作业本等教学用具，在自家仅18平方米的饭厅里办起了"爱心辅导班"。

辅导班办起来了，宋淑芳老人充分根据孩子们的行为规范和成长发育的需要，精心设计活动方式，选择学习内容。她每个双休日开班半天（寒暑假期间也不例外），留下一天半时间让孩子们消化学校功课和做一些家务劳动；她采用无记名投票的方式选举班上干部，充分培养孩子们的组织能力和自治能力；她开展大带小、大辅小活动，凝聚班心，让大家融洽相处。

在学习内容和活动形式上，她着眼道德养成和品行提升。一是为孩子们宣讲法律法规。她以央视法治频道播放的典型案例为生动教材，结合法律法规知识向孩子们分析讲解；她请社区片警和退休法官等到班结合本地区实际举办法制讲座。二是对孩子们进行安全知识教育。她教会孩子们怎样拨打110、119、120等电话，以及遇到困难或危险怎样自我救助。三是以"五讲四美三热爱""八荣八耻""社会主义核心价值观"为行为规范，以"将爱心献祖国，将孝心献父母"为话题，组织孩子们认识讨论。四是为孩子们宣讲卫生知识。内容涉及个人卫生、环境卫生、生理卫生、心理卫生等，让孩子们充分认识到卫生对个人健康成长的重要性，希望孩子们都能成为健康健全人。五是开展丰富多彩的各类有益活动。如举办体育、手工、书法、美术、演讲、写作心得体会等竞赛，且每赛必奖，老人自掏腰包买文具、糖果等作为奖品，以培养孩子们的参与意识、竞争意识；她组织孩子们积极为灾区、贫困儿童捐款，对社区内的五保老人及残疾人家庭进行慰问，帮助其打扫卫生、整理内务，以培养孩子们的爱心；她带领孩子们上街为城乡环境综合整治清扫街道、清理"牛皮癣"，以培养孩子们的社会责任心；她掏钱购买DVD机、话筒、音响等，让孩子们上台学做主持人，以培养孩子们的胆量和自信心。

多样的活动，丰富了孩子们的课外生活，充实了孩子们空虚的心灵，引领一群孩子往正确的人生道路上迈进。

11年来，孩子们在宋淑芳老人的悉心培养和社会各界人士的关心支持下，孤僻的变得开朗，自卑的变得阳光，柔弱的变得坚强……他们中，有的以优异的成绩考上了大学，有的成长为老师和同学们喜欢的优等生，有的走上工作岗位，自立自强，为社会贡献自己的一份力量。

青少年是祖国的未来，关心未成年人的健康成长是社会的共同责任。宋淑芳长期关心、关爱未成年人的健康成长，自费创办"爱心辅导班"，身体力行地为下一代的健康成长奉献爱心，她的这种"好人好心"行为，影响带动了更多社会各界人士加入志愿服务行列，为未成年人营造了良好的成长环境，续写了一个个感人故事，赢得了社会、家长的普遍赞誉。

（三）感恩社会传递爱心

感恩是一种情操，是一种芳华，更是一种能够穿透时空距离的生命礼赞。

"天地虽宽，这条路却难走，我看遍这人间坎坷辛苦，我还有多少爱，我还有多少泪，要苍天知道，我不认输。感恩的心，感谢有你，伴我一生，让我有勇气做我自己。感恩的心，感谢命运，花开花落，我一样会珍惜。"这首脍炙人口、传唱大江南北的歌曲《感恩的心》唱出了中华民族的传统文化，让人们在"你中有我、我中有你"中，常怀一颗感恩的心，把爱心传递下去。

1. 用行动传递爱心——庄仕华

庄仕华，武警新疆总队医院院长，一个平均每天做20多台手术的将军院长，一位扎根边疆倾情奉献39年的共产党员。他把治病救人的职业当作为民造福的崇高事业，用满腔的赤子情怀，守护着各族群众的健康幸福，架起了党同边疆各族人民群众的"连心桥"，被中央文明委授予"当代雷锋"荣誉称号。

截至2013年，他和他的团队创造了腹腔镜下胆囊切除手术120 640例无一失误的医学奇迹，300多例疑难杂症手术全部成功，先后有7项技术填补了

让文明流行起来

（图片来源：http://news.cntv.cn/special/jiusifushang/main/）

国内相关领域空白；他长年为各族群众送医送药，39年行程80多万里，巡诊近百万人次；他义务帮助19家偏远贫困农牧区医院改善医疗条件，培养120名技术骨干，帮助580多位患者脱离了贫困；为了救助贫困患者，他悄悄垫付手术费或带头捐款，他和同事累计捐款达80多万元；为了给塔吉克族群众送医送药，他在帕米尔高原被暴风雪围困四天三夜；为了给农牧民看病，他在果子沟险些被泥石流吞噬生命……

在很多次采访中，有记者曾经问过支持他这么多年帮助他人的动力是什么，庄仕华说："我出生在四川的贫穷山区，从上小学到高中的学费全是政府减免的，书本费、生活费是3位老师资助的。入伍后，又是部队送我上了大学。要知恩、感恩、报恩！以爱传递爱，爱的影响最深远。"

30多年来，庄仕华怀着对党的无限忠诚、对人民的深情热爱，怀抱着一颗感恩之心，先后医治560名贫困患者，没有收过病人一个红包，却收获了藏语、蒙古语、维吾尔语、英汉双语等12 608面锦旗，这些锦旗饱含着各民族人民对他精湛医术和高尚品德的褒奖,也是对他常怀感恩之心的最高礼赞。

2. 创办报恩网反哺社会——段非夫妇

段非和许利娜,两个"80后"年轻人,有着相似的成长经历,求学路上都得到过他人的帮助。两个人怀着报恩的心,于2006年携手创办了报恩网公益慈善网站,在这条慈善路上一走就是13年。

慈善伴随着爱,爱支持着慈善,慈善路上段非和许利娜相爱了。结婚时,许利娜没要一分钱彩礼,两个人还举办了慈善婚礼,97 311元礼金全部捐出来用于帮助孤儿上学。

报恩网成立13年来,帮助过93岁盲人老奶奶盖房子,帮助过残疾人安装假肢,帮助过贫病交加的病人重获新生,帮助过寒门学子完成学业,曾为贫困山村捐建路灯,曾为山区小学修缮校舍,一路走来,播撒爱的种子。截至目前,报恩网已筹集善款500余万元,帮助弱势群体5 000多人,拯救了17名先天性心脏病患儿的生命,带动4 000多名志愿者参与其中。

(图片来源:中国报恩网)

面对社会的赞誉,这对"80后"报恩夫妻说:"有鲜花掌声不骄傲,没鲜花掌声不气馁,慈善是我们的生活方式,报恩网是我们一生的事业。"

段非和许利娜夫妇,用感恩的心做人,用报恩的心做事。他们创办报恩网,是用生命影响生命的事业,不断影响着更多的人回报亲人,回报社会,让感恩成为一种时尚新风,成为一种文明习惯。

3. 致富回乡助学——黄文石

在广东省阳江市,有一位老人,他用30年的时光,活跃在阳江社会扶贫助学的第一线,点燃了5 000多名贫困学子的求学梦,并如灯塔般照亮着孩子们的精神世界。他是一名港商,也是一名地地道道的阳江人。他叫黄文石,20世纪50年代,不到10岁的他离开家乡到香港打拼。30多年后,他携夫人回到家乡,并在此后的时光里一直活跃在家乡社会扶贫助学的第一线。

黄文石回乡助学之初,正处于改革开放初期,当时仍有不少孩子因为家庭贫穷不得不面临辍学的困境。黄文石看在眼里,记在心上,开始把重点助学对象对准中小学的学龄儿童,让更多的孩子能接受基础教育。他携夫人深入各村寨、乡间学校,探访贫困家庭,对家庭困难的学龄儿童进行捐资助学。

随着时代的发展,国家九年义务教育已全面普及,黄文石也陆续将助学的重点转移到义务教育之外的高中、大学贫困学生群体。从2005年起,黄文石与阳江市妇联合作,每年根据各级妇联探访掌握的贫困学生情况,确定资助数量及人员。

除积极投身于家乡的扶贫助学工作外,黄文石还不断通过自己的行动感动、带动身边的亲戚、朋友,关爱他人、奉献爱心,壮大社会扶贫助学的力量。

第一章 纾困解难存善意 送人玫瑰留余香

已是74岁高龄的黄文石，除保证助学资金准时到位外，每年仍坚持亲自回到阳江，开展两次以上的助学活动，亲自为同学们"加油打气"。在他看来，金钱上的帮助只是暂时的，精神层面上的助学更为重要。在每次助学活动中，他不断向同学们传递正能量："宁欺白须公，莫欺少年穷。""人不应向贫穷折腰，而拒绝努力。""挫折是奋斗的勇气，不是低落的理由。"

在黄文石家中，放着几千封保存完好的同学们寄给他的信件。在一封封的书信中，他看到同学们的进步、敢于拼搏、日趋自信……这让黄文石倍加感动与欣慰："年轻人的前途无可估量，自己用心传递着正能量，他们同样向我传递着正能量，激励着我一如既往地坚持扶贫助学。"

2005年至今，黄文石到各县（市、区）开展助学活动期间，有两件事让人印象深刻：其一，从阳春市一中考上华南师范大学的一位单亲家庭女同学，尽管家庭还很困难，但上大学后靠着勤工俭学，不再需要黄先生资助。在汶川地震后，这位女同学还将勤工俭学辛苦攒下的3 000元捐到了灾区。其二，两阳中学的一位同学，在收到黄文石的助学款后，主动向他提出与班内另一位贫困学生平分助学款。感动于此举，妇联、黄文石在了解那位贫困学生的情况后，同样进行了资助。

至今，黄文石正在资助的困难学生覆盖阳江市各县（市、区）200多名。据悉，仅2016年，黄文石支出的助学款就达20多万元。据市妇联不完全统计，黄文石助学30年间，共资助贫困学生5 000多人，总额逾300多万元。在2007年广东省妇联启动、各级妇联组织实施的"爱心父母牵手困境儿童大联盟行动"中，黄文石是阳江市该项活动坚持时间最长和贡献最多的资助者。

（图片来源：http://blog.sina.com.cn/s/blog_15ed06f7e0102wpc3.html）

30年助学路，5 000多名寒门学子茁壮成长。一批又一批寒门学子考上了理想的学府，一批批学子走出校园，活跃在社会大舞台上。黄文石不会主动打听曾受他资助孩子的近况，但耳边却不时有"好消息"传来：某位同学取得某某成就；受他影响，某某同学开始回报社会……近期，他听到一名曾受他资助的学生在阳春设立了一个助学基金会；成为著名律师的一名学生免费在为困难群众提供法律援助……

黄文石致富不忘家乡，受到了当地父老乡亲们的高度赞誉。他的这种致富不忘家乡的济贫行为，与那些挥霍成性、为富不仁的富人们形成鲜明对比。现阶段，我国仍有一些地区经济发展水平相对落后，一些家庭处于贫困线以下，孩子们上不起学，因此社会呼唤更多的"黄文石"对贫困地区的孩子们献出一份爱心，伸出一双援助之手，为他们排忧解难，使他们感受到更多的社会温暖，让爱心传递汇聚成推动社会进步的强大力量。

三、勇于助人　倡导新风

（一）热心助人做好事

爱，在人间，就在你的身边。有人说，爱如春雨，滋润着大地；有人说，爱如阳光，温暖着人心。

为了让更多的人感受到这份爱，我们应该保持良好的道德修养，去关心帮助身边的人。俗话说，"细微之处见真情"，左邻右舍的一声问候、一杯热茶、一句关心足以让人感到温暖。

北京市朝阳区三间房乡双桥铁路社区居民"小四川"陈世明，照顾身边的空巢、独居老人，帮助他们解决生活中的困难，成了社区老人们最信赖的人，同时自己也乐在其中。陈世明助人是一种无声诺言，是一种无偿交换，是一种真诚相待。他在平凡的小事中，用真情温暖老人，把爱传递给社会。

在现实生活中，人人都需要他人的关爱，只要播种了爱心，心中就会开出善良之花，感动别人的同时，对自我更是一种喜悦、成长、幸福。正所谓"单丝不成线，独木不成林"，如果我们都能帮助身边需要帮助的人，彼此伸出友善的援助之手，献出一份爱心，那么我们的生活就会充满幸福阳光。

（二）了解需求不添乱

"人之初，性本善。"善良是人的本性，在现实生活中，当有人遭遇险情时，多数人都会本能地伸出援助之手，帮其摆脱险情，但有时因为方法、时机不当，结果往往适得其反。

某市一位中学生在放学途中，看到一位老人突然倒地，他毫不犹豫、三步并作两步地上前把老人扶了起来，并拨打了120急救电话，结果在救护车赶到之前，老人已停止了呼吸……后经医生诊断，老人是因突发心脏病而倒地的，中学生的突然扶起，进一步刺激了老人的心脏，反而加速了老人的死亡。事后老人的子女向中学生提起了法律诉讼，这位中学生感到好心没好报，十分委屈。

这个案例告诉我们，在不了解对方帮助需求的情况下，"善心冲动"往往会事与愿违，甚至会酿成大祸。

类似于这样好心没好报的助人行为，引起了社会热议。当遇到有人突然倒地时，有人认为，从人性和道义上来说，应该伸出援助之手；有人认为，我们最好远离是非，"多一事不如少一事"；还有人认为，我们要了解情况后再做决断……无论持有哪种观点和态度，都有其各自的考量。但是，助人善举永远是高尚人生的注脚，当他人遇到危险时，只要我们了解其迫切需求，科学施救，力所能及地帮其化解风险，就能避免盲目行善、好心办错事。

海口高三男孩黄靖洋在看到一女子倒在街头后，按照此前在急救培训课上学到的内容，双掌重叠，双臂垂直，不断地重复着按压动作，女子最终逐渐恢复了意识。黄靖洋的助人行为，不仅需要一份敢于驱散心中与外界的压力、愿意伸出援手的果敢与勇气，更重要的是他救人的自信和底气来自他的专业救助知识与能力。

因此，我们在倡导责任与担当的同时，更需要理智，帮忙不添乱，学习急救知识和技能，科学助人。我们也希望相关部门和社会组织能够加强急救知识和技能的培训，让更多的人学会专业施救，营造出一种"人人能施救、人人能被救"的良性互助局面。

（三）智慧助人"免受伤"

近年来，社会上出现了诸如"老太太摔倒，扶与不扶"的道德矛盾问题，"助人为乐"的社会风气出现恶化，曾经的经验在告知大众，大多时候"助人"的行为会损伤切身利益。助人为乐长时间遭遇困境，对个人道德发展，创建和谐社会会造成不利影响。让助人为乐精神摆脱当今的社会困境，是一项长期的、系统的工程，这不仅需要国家、社会的力量去攻克一些不利因素，更需要个人不断努力地提升自己，发扬助人为乐精神，智慧助人。

中南财经政法大学法学院的志愿者在为武昌付家坡小学的学生开展"智慧扶老，慧眼识碰瓷"的主题教育活动时，通过社会上的各种例子和舆论向同学们表明"扶老需谨慎"；结合"证据学"中的一些法条，深入浅出地告诉学生，热心"扶老"前，可以先观察一下周围是否有"城市监控或交通摄像头"，以及如何让围观群众作证，维护和保障自身安全等方式来保护自己。"扶老"也要分情况，"该出手时就出手"。

我们身边还有很多普普通通的人，每天都在践行着助人为乐精神，无私地传递着爱心。他们可能没有多少惊天动地的壮举，更没有轰轰烈烈的事迹，但他们乐于助人，无私帮困，服务他人，积小善为大善，体现了一种"施以不报为惠"的境界。他们做好事不求回报，图的是一种爱心传递，把爱给别人，让别人在得到爱后，又把爱传给更多的人，让我们的生活充满温暖与希望，让人与人之间感受到真情与信任。与此同时，我们感到难过的是，社会上还有很多冷漠的面孔、冷漠的人心，我相信其中的缘由多种多样，但无论如何，我们都要将阻碍助人为乐的因素分析清楚，并在全社会倡导助人为乐的文明，让助人为乐蔚然成风。

当今社会，人们的助人为乐美德从未丧失过，每个人都有一颗助人为乐的心，在主观世界中仍旧保持着助人为乐的精神准备以及对这种价值观的认可，可是当助人为乐精神要在客观世界充分发挥之时，会不可避免地遭遇某些阻碍，让做好事的人心寒。其实人们的爱心仍是存在的，只是被囚禁了。在这种情况下，爱心极有可能由于长时间的"萎缩"而无法得到伸展，最后导致爱心的沦陷。

要改变这样的情况，需要全社会的共同努力。助人为乐，更要"惩恶扬善"。对于施救，美国有《好撒玛利亚人法》，保障施救者一般不必为抢救中出现的问题担责。国内也有类似的法律，《中华人民共和国民法总则》已于 2017 年 10 月 1 日正式实施，其中被俗称为"好人法"的第 184 条规定"因自愿实施紧急救助行为造成受助人损害的，救助人不承担民事责任"，从法律层面鼓励更多人"路见危难，伸出援手"，同时对"英雄流血又流泪"说"不"。此外，日前提交审议的《北京市院前医疗急救服务条例（草案）》提出，患者及其家属如捏造事实向提供帮助者恶意索赔，将承担法律责任。像这样约法三章，把权责清单列明白，就能够免除做好事者的后顾之忧，让讹人者没有胡搅蛮缠的空间。除此之外，助人为乐也需要"正确姿势"，一方面是施救人自己在助人为乐之前保护好自己，拍照留证据、找路人证明等，避免做好事却被碰瓷；另一方面执法人员必须严格执法，提高碰瓷讹人的违法成本，万不可和稀泥。办法办法，要"办"这些碰瓷者，还得在"法"上发力。

总之，防治讹人现象要靠司法力量综合施治，通过典型判例形成正确导向，通过媒体向社会宣示。而对于事实纠缠不清、难辨责任的案件，则应该研判其审理对社会风气的引导作用，考虑到社会福祉的最大化，审慎处理，尽可能地避免伤害社会善意、助长讹诈之风的后果出现。只有毫不含糊地依法治讹，顶格惩戒碰瓷讹人行为，才能在复杂的社会风潮中，树立鲜明的旗帜，形成良好的示范效应，真正变"扶不起"为"讹不得"，有效保证"助人者"的合法权益。

■ 四、结语

当前，我国在全社会范围内大力培育好人文化，推进道德建设，各行各业都在选树各类先进典型。从身边好人、道德模范，到最美人物、时代楷模，从行业标兵、劳动模范，到优秀志愿者、文明家庭，这些全国各地各行各业涌现出的典型、模范，都是我们这个时代的"好人"，他们身上所体现出的优秀品质和崇高风范，是精神文明建设的重要内容，是推动发展的精神动力，是让人心更热、生活更暖的源动力。

助人为乐的意识，是好人好事的催化剂，是涌动的一股暖流。助人为乐的实践，激发了人性中的美好与善良，为生活助力升温。助人为乐贵在坚持，意在传递，随手一善，亦英雄。他们平凡，他们湮没在人群里；他们不平凡，他们的精神闪烁在人群中。

  作为一名普通的公民，也许我们的家庭环境不同，我们的工作环境不同，我们每天遇到的人和事都完全不同，但是相同的是，我们在一生当中，肯定会需要得到，也需要贡献我们的爱心。好人的力量，可以改变一个人的命运，也可以点亮一个国家的道德星空。当看到在自己的协助下，别人很顺利地度过他们的困难的时候，就会从心底里涌出一股难以言说的自豪感和幸福感，感到了自己对他人的价值。

第二章
侠肝义胆壮河山
临危不惧显英雄

生活犹如一座绚丽夺目且充满变化的迷宫，让我们神往却不时恐惧，而见义勇为就如通往迷宫之路的向导。如何才能找到属于自己的向导？你必须时刻保持清醒的头脑，将目标深深地印入自己的脑海，勇敢坚定地为之努力奋斗。这样，你才会拥有这世上最美丽的品质，你才会深深地爱上这个世界，你才会与人分享你的智慧、你的美好，你才能享受到人生的美妙。

不知大家是否看过金庸先生的武侠小说，他在小说中刻画了许多大侠形象，至今仍然脍炙人口，比如，大义凛然的乔峰，敦厚忠烈的郭靖，疾恶如仇的苗人凤，等等，他们都是小说中大家耳熟能详的义不容辞、扶贫济弱的见义勇为形象。但是，在现实生活中，那些见义勇为的英雄往往只是普通人，他们没有神秘莫测的武功，不会降龙十八掌，他们只是靠自己单薄的身躯，挽救人民群众的生命和财产。

■ 一、古代先贤的义勇之举

无论是在战争年代还是在和平年代，见义勇为都是最危险的行为，但是见义勇为的英雄却有千千万万。下面，我们一起了解中华五千年文明中见义勇为的故事。

（一）先秦诸子的"义""勇"之辩

先秦时期是中国文化的早期，奴隶主和地主贵族是这一时期见义勇为的主体。以孔子为代表的儒家学派，曾对"见义勇为"展开了非常激烈的讨论。因此，在诸子百家中，儒家对见义勇为的认识最为深刻。据史料记载，"见义勇为"一词最早就源自《论语·为政》中的"见义不为，无勇也"。

我们从这句话中至少可以体会到两层意思：第一，对"义"的含义进行界定，即义就是应当去做，我们应当敢于去做符合"义"的事。第二，勇是君子美德之一，如果面对我们应当去做的事，我们没有去做，那就是无勇。

那么，孔子对见义勇为到底持什么样的态度呢？

在《吕氏春秋·察微篇》中记载了两则关于见义勇为的小故事，这两则故事虽然短小，但是从中我们可以清晰地看出孔子对于见义勇为的态度。

故事一　子贡赎人

根据鲁国法律，如果有人见到鲁国人在国外为奴而将其赎回的话，可从国库领取补偿金。一次,孔子的学生子贡赎回鲁人却拒绝了补偿金。孔子得知后指责了子贡:"假如人们都学习子贡赎人而不领补偿金,那么今后就没有人愿意赎回在外为奴的鲁人了。"

故事二 子路救溺

一次,子路救了一名溺水之人,当事人送子路一头牛以示感谢,子路欣然收下。孔子欣喜地说道:"鲁国今后一定会有很多人乐意救援溺水者!"

两相对比之下,孔子评论说:"子路受人以劝德,子贡谦让而止善。"

从上述两个故事看,孔子对见义勇为持肯定态度,而且认为见义勇为必须受到表彰和鼓励。首先,相较于见义勇为这件事本身,孔子更加注重的是以后的社会教化和见义勇为风气的形成,所以孔子主张助人者应当得到奖赏;其次,孔子实际上通过这两个事例为见义勇为定下了一个很好的标准,即"无损于己而又有利于人",即孔子认为见义勇为如果不能让施救者得益,最起码不能让其受到损害,否则会在社会中阻碍见义勇为风气的形成。这在当时的社会中起到了一个非常好的道德示范作用。事实上,义、勇一直都是中国传统文化中人的最高品德之一。孟子所说的恻隐之心是人本来就具有的本心,也是人与其他动物相区别的重要特征。墨家也把见义勇为、打抱不平作为救世济民、扶危济困、践行兼爱非攻理念的重要标准。韩非子在《韩非子·五蠹》中说:"儒以文乱法,侠以武犯禁,而人主兼礼之,此所以乱也。夫离法者罪,而诸先生以文学取;犯禁者诛,而群侠以私剑养。故法之所非,君之所取;吏之所诛,上之所养也。"

（二）从汉到唐的"重侠尚义"

两汉至隋唐时期，正是中国封建社会的发展时期，皇权尚不稳固，社会动荡频繁，个人武力在当时的社会条件下得以彰显。所以这一时期，见义勇为的主体是学有武艺的布衣阶层，见义勇为的性质和目的发生了偏转，变成一种重侠尚义的游侠风气，在一定程度上成了一个人宣扬自身武力、得到赏识的晋升之阶。西汉经学家孔安国将其解释为："义者，所宜为也。而不能为，是无勇也。"

故事一 少年许褚智斗贼兵

三国时期的许褚，年轻时勇武好斗，同情乡间百姓深受盗贼的烦扰，在家乡聚集了数千户人家，共同抵御贼寇。有一次因缺粮，许褚假意与贼请和，商量用牛换取食物。贼兵把牛牵走后，牛自己跑了回来，许褚便去阵前，拉着牛的尾巴行走百余步，贼兵大惊，不敢再来取牛。从此淮、汝、陈、梁之地，听到许褚之名都感到畏惧。曹操知道这件事后，欣赏许褚的勇猛，收服其归己所用，最终许褚成长为三国时期的一大猛将。

故事二 侠义少年——孙坚

孙坚少时为县吏，性阔达，好奇节。他17岁那年，随父一起乘船去钱塘，途中，正碰上海盗胡玉等人抢掠商人财物，在岸上分赃。商旅行人一见此情此景都吓得止步不前，过往船只也不敢向前行驶。孙坚见状，对父亲说："此贼可击，请讨之。"他父亲说："非尔所图也。"孙坚提刀，大步奔向岸边，一面走，一面用手向东向西指挥着，好像正分派部署人众对海盗进行包抄围捕似的。海盗们远远望见这种情形，错认为官兵来缉捕他们，惊慌失措，扔掉财货，四散奔逃。孙坚不肯罢休，追杀一海盗而回，从此孙坚名声大噪。

故事三 亦正亦邪的郭解

《史记·游侠列传》中则记载了郭解的生平。郭解个子矮小却精明强悍，为人残忍狠毒，经常为小事突然怨怒行凶。他一方面见义勇为，不惜牺牲性命为朋友隐匿千里去报仇，另一方面在逃跑的途中也亡命抢劫，甚至私铸钱币，盗坟掘墓，杀害官吏，最终被汉武帝处死。

这些英雄人物的故事，在一定程度上弘扬了重侠尚义的风气，但是，由于在乱世中，没有一个理性的道德标准作为社会准则，人们很难分清什么是见义勇为，怎样的做法是侠肝义胆。

见义勇为的标准在于"义"字，每个人的价值标准不一样，对于"义"的理解也不尽相同，这就造成了评价标准的混乱。完全凭借一己之好恶行事，不管后果，不问是非，从而造成见义勇为的行为突破了法律和道德的界限。当时主流社会舆论对这种豪侠气的赞赏，也直接导致了两汉以后游侠风气的兴起，即打着见义勇为的旗号，完全凭借着自我喜好而行事，好气而任侠，一遇不快，暴起而杀人。

在法治不健全、正义失语的时代，强者的见义勇为在某种情况下是下层百姓受欺压之后伸张正义的最后希望，所以千百年来，见义勇为的英雄们成为人们所敬仰、所崇敬的对象。但是，见义勇为的标准只是人的感性道德判断，该不该"为"、如何"为"、"为"到什么程度，全靠心中道德的天平把握，所以在那时"见义勇为"和犯罪只是一念之间。当时社会条件下尖锐的阶级矛盾和政府法治行为的低效使得见义勇为这一行为发生异化，转变成为一种好武任侠的风气，而这种风气，在专制社会中看来是行使了君主的权力，同时被看作社会的不安定因素，因此受到了官方政府的打压。在这种情形下，见义勇为又被看成反抗专制、追求个性自由的象征。

这一时期，对见义勇为行为的评判也形成了两个极端。司马迁在《史记》中为游侠和刺客单独列传，热情讴歌这些率性之士："汉兴有朱家、田仲、王公、剧孟、郭解之徒，虽时扞当世之文罔，然其私义廉洁退让，有足称者。名不虚立，士不虚附。"此外，《汉书·游侠传》虽有不少文字袭自《史记》，但对"游侠"采取排斥态度，说四公子为"六国之罪人"，又说"郭解之伦，以匹夫之细，窃杀生之权，其罪已不容于诛矣……惜乎不入于道德，苟放纵于末流，杀身亡宗，非不幸也！"这也是要求加强封建专制、提倡封建道德者的议论。

（三）宋明时期的"义勇气节"

宋明时期，封建社会发展走向鼎盛时期，皇权稳固，士大夫阶层崛起，法治相对完善，所以见义勇为的"义"的标准不再局限于个人的道德与好恶，而是是否对国家有利，是否符合心中的理想。

第二章 侠肝义胆壮河山 临危不惧显英雄

故事一 大义凛然文天祥

南宋末期，都城失守。元军沿长江东下，文天祥散尽家财，招勤王兵，辗转各地抗元三年，最终于祥兴元年（1278）十二月，在五坡岭（今广东海丰北）被俘。次年，元朝蒙、汉军都元帅张弘范将其押赴厓山（今新会南），令招降张世杰。文天祥拒之，书《过零丁洋》诗以明志。后被解至元大都（今北京），元世祖忽必烈亲自劝降，许以中书宰相之职。文天祥大义凛然，宁死不屈。至元十九年十二月初九（1283年1月9日），于大都就义，终年47岁。文天祥死后，在衣袖中发现一首遗诗："孔曰成仁，孟曰取义，惟其义尽，所以仁至。读圣贤书，所学何事？而今而后，庶几无愧。"

可见文天祥所坚守的"义"，便是心中的道德理想和坚定气节。

故事二 铁骨铮铮杨继盛

明朝中后期，严嵩擅权专横，祸乱朝堂，在整个朝堂上一手遮天，致使各地民不聊生。杨继盛在目睹瓦剌安答扰边，长驱直入京城脚下，百姓流离失所的惨状后，不忍心中不平之气，在元旦上奏折《请诛贼臣疏》弹劾严嵩，历数其"五奸十大罪"，却被严嵩陷害，关进诏狱。他在诏狱中经受了廷杖、刮骨割肉的酷刑，仍然拒不认罪，并做诗曰："浩气还太虚，丹心照万古。生前未了事，留与后人补。天王自圣明，制度高千古。平生未报恩，留作忠魂补。"最终于嘉靖三十四年被害。

杨继盛的"义"就在于他对正义的坚守和对百姓的责任，也实现了他在早年间写下的"铁肩担道义,妙手著文章"的光辉理想。在杨继盛的感召下,严嵩的罪行被不断揭发,最终在杨继盛死后7年,严嵩被扳倒,在老家悲惨死去。杨继盛的气节和骨气也成为后来者汲取的精神动力。

二、当今时代的百姓英雄

在危难时刻

他们挺身而出

在紧急关头

他们见义勇为

正能量就在我们身边

他们是百姓英雄

(一)少年英雄——姜程威

姜程威同学品行端正,学习刻苦、勤奋努力。姜程威的父母经商以来一直秉承脚踏实地、诚实守信的理念,他则深受影响,同样以此作为自己的学习和生活准则。他从小就自理自立,自强自信,有良好的行为习惯和道德情操,举止行为展现了新时代中学生的良好精神风貌,是同学们学习的榜样。校园里,他尊敬师长,团结同学,遵章守纪,热爱集体,品学兼优;生活中,他乐于助人,谦虚有礼,热情开朗,阳光活泼,积极向上,是当代优秀中学生的杰出代表。

2017年4月4日，清明节下午五点半左右，在哈尔滨市道里区防洪纪念塔附近的江面上，两名中学生玩耍中不慎坠入开化的冰窟中，他们全身已没入江水里，只有脑袋还没有沉入水中，脖子与冰面持平，坠入冰窟的地点距离岸边有十多米远。当时在场围观的有几百人，大家议论纷纷，但都没有行动。危急关头，姜程威拨开众人，不顾危险和冰冷，一个箭步跳过浮冰，几步跑到落水少年身边，坐在冰上就拉上来一个，一会儿又有一名小伙牵着众人衣服结成的绳索来到，二人合力又救出了第二个少年。救人后，他没留下姓名就离开了。《新晚报》《哈尔滨日报》相继报道，腾讯视频等多家视频网站纷纷转载。后来，借助于现场知情人提供的线索，人们才找到第一个救人的英雄少年——姜程威。

（图片来源：http://heilongjiang.dbw.cn/system/2017/04/14/057604012.shtml）

因为姜程威见义勇为的行为，剑桥三中授予他"见义勇为美德少年"光荣称号，哈尔滨市教育局授予他"哈尔滨市见义勇为好学生"荣誉称号，团市委授予他"哈尔滨市优秀共青团员标兵"荣誉称号，并号召全市青少年向他学习。

在黑龙江省文明办和哈尔滨市文明办联合举行的颁奖典礼上，姜程威被授予"龙江好少年·美德少年"和"哈尔滨市美德少年"荣誉称号。中国教育频道、哈尔滨电视台、《生活报》《新晚报》等多家媒体对姜程威进行了现场采访。"冰窟救人英雄少年"姜程威同学的事迹还在中央电视台新闻联播节目中被报道。

在冰窟勇救落水少年事件发生之后，面对媒体的采访、各级领导的关注和社会的称赞，姜程威不骄不躁，秉持着谦逊和善的态度，一如既往地努力学习，胸怀大爱。他的正直无私，勇敢无畏，展现了新时代中学生的良好形象。他以高尚的品格、坚毅的精神、崇高的境界、勇敢的行为，践行了社会主义核心价值观，传递了新风尚和正能量，是时代的楷模和全社会学习的榜样。

（二）最美村民——李明君

李明君，西宁市城东区韵家口镇中庄村村民，第三届"最美青海人"见义勇为类奖获得者。面对陌生人的求救，他不顾自身安危，解下腰带跳进井里与妻子联手施救，最后成功救出3岁孩童仔仔。

2018年4月22日中午，3岁的仔仔在西宁市湟中桥西侧的德源小区楼下玩耍时，不慎掉进小区一口井盖破损的化粪池井里，仔仔的舅妈急忙向人救助。同住一个小区的李明君得知情况后，毫不犹豫地抽出自己的腰带，让妻子拉住一头，自己拽着另一头就下了井。因为腰带太细，手抓不住，妻子就脱下了自己的衣服连接在了裤腰带上，李明君用嘴咬住孩子的衣服，使他的头能离开水面，但井深、有沼气，加之李明君和孩子重量有200斤，体重只有100斤的妻子要拽住他俩是非常困难的，这导致施救期间他和孩子几次沉入污水。小区内的其他住户在听到求救后纷纷赶来帮忙。在众人的合力帮助下,孩子终于被成功救出。而李明君双手已经发硬,失去知觉,全身不停地发抖,身上有多处擦伤。在场的邻居纷纷为他舍己救人的勇气竖起大拇指。

(图片来源:http://m.sohu.com/a/284556016_100020316)

在别人眼中,李明君是英雄;在因残卧床年迈的父母眼中,他是一个孝顺的儿子。俗话说,久病床前无孝子,李明君却用自身行动反击了这句话。2009年,李明君的父亲脑梗偏瘫,并患上严重的糖尿病后遗症。9年来,李明君夫妻事无巨细地照顾着生病的父亲。因老人是糖尿病并发症神经病变的患者,脚上神经已经麻木,泡脚时无法感知水温,曾经因水温过高导致老父亲的脚皮烫伤。此事过后,每次给老人洗脚前,李明君都用温度计测量水温,确保老人不会再被烫伤。屋漏偏逢连夜雨,2017年2月,李明君的母亲遭遇车祸,送进ICU治疗,一度成为植物人。他和妻子每天轮班为植物人母亲擦身、按摩、翻身,时不时跟老人说话,因为李明君坚信母亲会醒过来。在此期间,母亲曾奇迹般地苏醒过来,但中途病情又突然加速恶化,再次变成植物人沉睡下去。李明君秉持不抛弃不放弃的精神信念,和妻子带着老人多次奔赴外地求医治病。皇天不负苦心人,最终母亲从植物人的状态渐渐苏醒并慢慢好转,现在正在逐渐康复中。

(三)人民英雄——牛利

牛利,男,甘肃天水人,毕业于甘肃警察职业学院,2014年12月参加工作并加入警察队伍,为兰州市公安局交通警察支队七里河大队清水营中队民警,2018年7月担任清水营中队副中队长。

(图片来源:https://new.qq.com/omn/20181103/20181103B08VHA.html)

2018年10月31日19时30分许,牛利像往常一样着便装行走在下班途中。在经过兰州市解放门附近时,他突然听到有人呼救,顺着喊声远远望去,见一名男子正在对一名妇女疯狂殴打,妇女已经头破血流。多年的从警经验,让他敏锐地感觉到这不是简单的个人纠纷引起的打架斗殴,该男子正在抢劫。

第二章 侠肝义胆壮河山 临危不惧显英雄

那名男子在抢走妇女随身携带的包和财物后，夺路而逃，朝牛利所在的方向飞奔而来。牛利见状后，并未贸然上前，反而冷静下来，在假装避让的瞬间，伸腿绊倒该抢劫男子，随后猛地扑上去，将其压在身后。此时，周围几名群众也被牛利见义勇为的正气所感染，纷纷跑过来，协助牛利将该劫犯控制。牛利仔细观察四周，观察是否有该男子的同伙在场，并向110指挥中心报案。随后，城关分局刑警队民警赶到，将该男子带离现场。此时的牛利却悄悄离开现场，虽然在制伏歹徒的过程中手指、胳膊多处受伤，但他事后从未对家人提起此事，第二天正常上班，也未向单位领导、同事提起此事。城关分局办案民警在调查案件时，通过报警电话才查询到当时见义勇为、制伏歹徒的年轻人是七里河大队民警牛利，于是致电七里河交警大队表示感谢。

牛利一心为民，始终保持一名人民警察的高度政治责任感，默默无闻地践行了"对党忠诚、服务人民、执法公正、纪律严明"的要求，面对群众危难，临危不惧，挺身而上，赢得了市民的广泛点赞。2018年11月，他被评为兰州市"见义勇为兰州好人"。

"甘于寂寞，勇于奉献"，这是牛利的做人理念。下班后，脱掉警服的他，跟普通市民一样行走在回家途中时，碰到市民遇险，哪怕眼前是穷凶极恶的歹徒，他依然义无反顾地冲了上去。那一刻，他没有忘记入警时的庄严宣誓，他始终明白，他的警服两肩不是代表资历的警衔，而是扛着"服务人民、捍卫正义"的责任担当。他用实际行动充分展现了当代青年民警应有的风采，展示了兰州交警不仅仅是日常交通安全的守卫者，也是人民群众生命财产的守护者。

自2014年参加公安交管工作以来，牛利就被分配到兰州市交警支队七里河大队清水营中队，担负起省道101线及周边农村道路交通安全保障的重担。对于本职工作，牛利始终认为，农村道路交通安全保障工作，一定要宣传教育与查处交通违法双管齐下，才能收到更好的效果。所以牛利经常与单位同事一起，挨家挨户进行走访，了解居民日常出行方式、车辆使用情况，通过"拉家常""讲故事"等方式，向居民宣传交通安全知识，周边居民都亲切地称呼他为"小牛警官"。在工作中，他兢兢业业，恪尽职守。每天进行线路巡查，及时消除农村道路交通隐患，已经成为他的习惯。正是这种良好的习惯，在2018年多次暴雨后山体滑坡等自然灾害来临前，他能及时赶赴现场，指挥疏导交通，化解隐患，避免更大意外事故的发生，保障了群众人身、财产安全。

2018年9月，兰州市迎来数次强降雨，省道101线多处出现道路坍塌、山体滑坡的险情。9月2日，牛利带队在省道101线进行线路巡检。期间，牛利将车停到路边，查看一户位于山坡边缘的农户小院。他站在山坡下，仔细观察着山坡时不时因雨水冲刷而掉下来的土块。凭借多年来对多起山体塌方事故现场勘查的经验，牛利肯定，此处会出现进一步的滑坡，小山坡可能会倒塌，危及上方居住农户的生命财产安全。

牛利立即与同事赶往农户家中，言明了事态的严重性。但该农户家中只有两位年迈的老人，老人说什么也不肯搬离小院。情况紧急，牛利立即从老人那取得其儿子的联系方式并与之联系，详细地讲清了小院周边环境的损毁状况，细致分析了近期天气与可能出现的危害。在牛利动之以情、晓之以理的劝说下，老人的儿子联系了在兰亲属，当天就将两位老人接走。就在老人搬走的第二天，小山坡再次出现滑坡，老人家的小院里出现了多处塌方和损毁，万幸的是，老人及时搬离，未出现人员伤亡情况。事后，老人与其儿子多次联系牛利，想当面进行感谢，但都被牛利一一婉拒。

牛利出色的工作能力，得到了大队、中队领导及同事的一致赞誉。作为中队副中队长，牛利始终坚持以身作则，率先垂范，带领中队民警、辅警积极参与交通秩序整治及事故预防专项行动中，严查严重交通违法行为，见违必纠，见疑不放。在执法中，他始终保持理性、平和、文明、规范，4年来查处无证、无牌、超员、酒驾等严重交通违法行为1 000余起，为辖区交通秩序稳定、事故下降作出了应有的贡献。

（四）英雄理发师——郑兴昌

郑兴昌是浙江宁波江北区庄桥街道童家老街阿昌理发店的老板，周围的邻里街坊都亲切地称他为"爱心理发师"。他不仅理发理得好，而且乐于助人，经常做见义勇为的事情，40多年以来，他共救助了12名落水儿童，成为大家心中的英雄。

那是1975年的夏天，正值暴雨时期。当时，河道上几乎没有任何防护措施，一不小心就有可能掉进河塘里，加之老街的河道水又特别深，孩子在河边玩特别容易出事。有一天，一个小孩突然掉进了河里，不停地喊救命，情况十分危急。这时，郑兴昌正好路过，他随手放下自己手里的东西，快速跑到河边，一头扎进河里，把小孩拖上岸来。当时小孩已不省人事，他坐到地上，一只手提起小孩的脚，让他趴在自己腿上，另一只手轻拍小孩屁股，左右摇晃背部，顷刻间，小孩大口大口地吐出水来，孩子得救了！

这样的故事，40多年来，不断地在老街河旁上演。据郑兴昌的老伴回忆，有一年冬天，一对同胞姐妹玩耍时一起掉进河里，在理发店正在给客人理发的郑兴昌看到了，立刻放下手中的理发工具，冲出理发店。面对冰冷的河水，他二话没说就跳进河里，把其中一个小女孩给救上了岸。被救的小女孩指着河里喊着："还有个小妹妹也掉到河里去了！"但是，当时河面上已经没有了人影，郑兴昌想都没想，赶紧跳回河里摸索。当摸到桥边时，小妹妹浮了起来，他立即采用急救方法，总算把她从鬼门关拉了回来。姐妹俩回到家里，把事情的经过告诉了父母，两个女孩的父母上门表示谢意，郑兴昌却摆摆手说："现在不用谢，等到女儿出嫁吃包喜糖就可以了。"

（图片来源：http://www.nbyztv.com/folder50/folder52/folder67/2018-07-03/13628.html）

事实上，郑兴昌被邻里街坊称赞的不仅仅是他的见义勇为，还有他多年来的爱岗敬业。开店至今，他的理发店的收费标准一直是最低的。起先别人家理发收2角、3角，他收1角、2角，现在别人家理发至少收15元，他却只收10元。平常碰到家庭条件困难的邻居来理发时，他都直接免单。遇到他们实在要给的时候,碍于面子,他就说:"这次不急,下次一起付!"由于常年低头理发,郑兴昌的颈椎出了问题,经常痛得难受,孩子们劝郑兴昌把理发店关了,享享清福,他却说:"理发是自己一辈子的工作,是父辈遗愿,只要能干一天,就要一直做下去,服务好每一位顾客。"

郑兴昌是一位踏实敬业的普通人,也是一位见义勇为的平民英雄。40多年的坚守,他用爱心义举拦住死神的脚步,成为老街河旁的守望者。

(五)正义的守护者——刘立军

刘立军是一名"80后"小伙,是牟平一家金属制品公司的销售人员。2017年12月2日,刘立军在烟台振华商场门前路遇持刀抢劫的歹徒,路见不平,拔刀相助,追凶两千多米,用勇气和智慧将其制伏。2018年3月,刘立军当选为见义勇为"中国好人"。

(图片来源:http://blog.sina.com.cn/s/blog_16604473f0102x9ne.html)

2017年12月2日晚上7时许,烟台市振华商厦北侧一辆白色轿车中突然传出一个女子凄厉的尖叫声,声音引起了烟台市民刘立军的高度警觉。刘立军看到,在一辆白色轿车中,驾驶室的女子正在与后座的人激烈地撕扯,他判断一定是发生了抢劫之类的事情。刘立军正要上前制止,黑衣男子见势不妙,打开车门向昌隆国际停车场跑去。刘立军来不及考虑,赶紧去追。他边追赶黑衣男子边给南大街派出所报警。

当黑衣男子跑到慧兰宾馆拐角时,听到刘立军呼喊的另一男子(王先生,烟台市芝罘区人)突然转身将其拦截。一番搏斗后,两人把黑衣男子按倒在地,随后南大街派出所民警及时赶到,合力制伏了黑衣男子。

事后,记者到刘立军所在的小区采访他,问道:"当时的情况很危急,歹徒手里有匕首,而且是黑夜,是什么给予您勇气和歹徒搏斗?"他笑着说:"我正是壮年的时候,做这些就是应该的。年轻人遇到这类事,就得勇敢站出来,邪不压正。而且这不是我一人所做的,王先生也帮了很大的忙,警察在接到我的报警电话后,也及时赶到了现场,这样才把歹徒制伏。"

面对歹徒,刘立军毫不迟疑,追凶两千米。事后他才发现自己的右脚脚趾和脚背全都肿了,走路时非常疼痛。为了不让家人担心,他对家人隐瞒了这件事。刘立军见义勇为的事迹在大街小巷传开后,网友纷纷留言称赞:"侠肝义胆,烟台好市民!""为烟台见义勇为的两位小伙点赞!好样的!"

义字当前,他没有犹豫;身处险境,他毫不退缩。虽然挺身而出意味着付出,甚至牺牲,但在他的人生价值的天平上,义与利的分量从未模糊。正义战胜邪恶的故事仍在不断地继续,刘立军的故事为新一代的年轻人树立了榜样。

（六）烈火营救英雄——杨林江

杨林江是山东省淄博市一名普通的村民。2016年4月12日中午，山东淄博一户居民家中发生火情并迅速蔓延。听到呼救声后，杨林江不顾个人安危，先后3次冲进楼内，成功救出两位邻居，自己却因吸入过量毒气昏迷，经抢救才平安脱险。2018年2月，杨林江荣登"中国好人榜"。

2016年4月12日13点左右，齐鲁石化橡胶厂象山生活区26号楼二单元202户家中突发大火，火势迅速蔓延，整栋楼弥漫着浓厚的黑烟，三楼到六楼的居民被困楼上，情急之下开窗呼救。

听到呼救声，刚刚下班回家的杨林江赶忙跑到现场。那时火势仍在继续蔓延，浓烟把整个单元都要吞噬了。在这千钧一发之际，"救人！刻不容缓！"在消防官兵、120急救人员奋力营救被困居民时，杨林江也冲了上去。

（图片来源：齐鲁网，图中右起第三人为杨林江）

让文明流行起来

　　杨林江不顾个人安危，冲进楼道。可是楼道内浓烟密布，呛得人睁不开眼，几乎不能呼吸，杨林江不得不退了出来。他找到消防水管对着单元走廊持续喷水，待浓烟稍稍散去便健步如飞地直接冲到四楼。此时四楼西户的常传菊已经出现了中毒症状，呕吐难忍无法站立，杨林江迅速将她背起转移到楼下安全位置。

　　放下常传菊，杨林江第二次冲进火场，这一次他直奔5楼。此时，刚刚还在窗边求救的姬女士已经晕倒在墙边，失去了意识。杨林江给她做了简单的急救后，在其他两个人的帮助下，一口气将她背下楼。成功地救出2名邻居后，杨林江还不放心，担心楼上还有其他被困人员，又冒着生命危险第三次上楼寻找，挨家挨户敲门呼叫，直到确认没人后才放心下楼。

　　第三次从火场中出来，杨林江全身已被汗水湿透，精疲力竭，直喘粗气。杨林江回忆道："我当时坚持着回到家，给我老婆打了个电话，话没说完，就晕倒在家门口。等我醒来时，已经躺在医院的病床上了。"原来，杨林江因在救人过程中吸入大量烟雾导致严重中毒，邻居们合力将他送到淄博化建医院救治。多名医生经过奋力抢救，终于把他从鬼门关拉了回来。

　　"我都已经出院好几天了，杨林江还躺在重症监护室，我每次去看望他都忍不住哭出声来，人家这是拿命来救咱啊！"说起这段经历，常传菊一边表达着心里的感激，一边不住地流泪。

　　2014年秋天，村北玉米存放处突发大火，大火危及两户村民的房屋和玉米。此时，杨林江正好路过，见到火势被风吹得越来越猛，他立刻组织村民进行灭火。在杨林江的带动下，大火终于被扑灭。

这次如同现场版的"烈火营救"并不是偶然的。谈起杨林江的为人，村民们纷纷赞不绝口。不管谁家有困难，他都会热心相助。村里退伍军人王传印是一名建国前老党员，无儿无女，杨林江对待老人就像对待自己的父母一样，时不时到老人家里转一圈，和老人聊聊天，了解一下他的生活需求，不断给予老人精神和物质上的帮助。后来随着年龄增大，老人自理能力逐步下降，住进了镇敬老院，杨林江一直照顾着老人，直到2015年11月老人在敬老院安然离世。

事情虽小，但一件件一桩桩，日积月累，如冬日的阳光，闪闪发光，予人温暖。

面对危险，杨林江奋不顾身地冲进火海，三次火中逆行，救出邻居生命。他的勇敢就像烈火中的清泉，既拯救了生命，也浸润了人心。危难关头的义无反顾，彰显出一个平民英雄的伟大。向英雄致敬！

（七）以身挡车的人民教师——李芳

李芳老师，用自己的生命给学生上了最后一堂课，她的故事至今仍让人落泪。

李芳老师生前系河南省信阳市董家河镇绿之风希望小学语文老师。由于绿之风小学是一所位置相对偏僻的乡村希望小学，所以老师们每天都会在放学时护送学生们过马路。李芳老师来到这里工作已近30年了，护送学生过马路，无论刮风下雨，无论严寒酷暑，她从未有过间断。

让文明流行起来

（图片来源：http://m.sohu.com/a/236840758_503494/）

2018年6月11日17时51分，河南信阳市浉河区董家河镇绿之风小学校门外50米的红绿灯路口处，李芳老师正站在路口护送孩子们。悲剧就这样猝不及防地发生了。

一辆失控的三轮车朝着过马路的学生冲了过来，就在那一瞬间，李芳老师呼喊着推开了4个正在过马路的学生，像老母鸡保护小鸡那样，挺身护在孩子们身前。三轮车没有减速，撞倒了李芳老师后，又向前冲了很远……

当时在现场的五年级学生小曹说，事发时有4名同学正走在斑马线上，走到一半时，小曹突然听到一声大喊，"李老师让孩子们快点走，我看见李老师推开了那4名同学，自己却挡在了前面。飞驰的三轮车从她身上撞过去，并连带剐倒了那4名同学。"

据了解，那是一辆装满西瓜的摩托三轮车，没有牌照，从高坡上冲下来，刹车已经失灵。另一位张姓老师也在现场，她听见在背后护队的李老师大声呼喊，接着就是一声巨响，李芳老师被撞得躺在地上，4个孩子也被剐倒了。孩子们吓得哭起来，张老师冲过去抢救，李老师已经不省人事。

事后，经过医生的诊治，4名受伤同学得到了有效的治疗，其中3名孩子属于轻外伤，另一个孩子的头部缝了6针，但神志清醒。但是，李芳老师却在6月13日凌晨4时40分，平静地离开了。

据介绍，前一周，李芳老师刚刚度过49岁生日。她是农家的女儿，20岁从原信阳师范学校毕业，正式成为一名乡村教师，从最初分配的谢畈小学，到撤校后来到绿之风希望小学任教至今，默默耕耘近30年。作为一名优秀的共产党员，在生死的一瞬间，她把生的希望留给了孩子们。

2018年6月14日，祭奠李芳老师的灵堂内，不断有周围的乡亲和附近的学生家长前来送行。"得知她用自己的身体去阻挡冲向学生的失控三轮车，我们一点也没觉得奇怪，因为她就是这样一个人。"在绿之风希望小学的教师公寓，与李芳老师生前同住一室的郝翠玲老师哽咽着说，"只是万万没有想到，她这次的选择，却成为我们之间的永别。"

社会各界对李芳老师的行为，作出了高度评价。信阳市委副书记刘国栋说："她用抉择教给了学生们最后一道题，她用生命完成了最后一堂课，她永远是我们心目中的最美老师！"《人民日报》给予李芳老师这样的评价："学为人师，行为世范。"李芳老师的英雄壮举，闪烁着爱生如子的师德光辉，她是我们身边的最美教师，是我们学习的榜样和楷模。有这样的老师是教育之幸，是学生之幸！

李芳老师，牺牲了自己的生命，守护了4个鲜活的生命，这是人间的大爱。在生死面前，她选择了牺牲自己，把生的希望留给4个孩子，这是世间最纯洁的爱。李芳老师，在平凡的乡村，在平凡的岗位上，做出了不平凡的事情，这样的老师，是时代之幸。

有一种力量，它像一缕阳光，能驱走邪恶，给身处险境的群众带来希望；有一群人，他们用流血和牺牲，维护正义，守护平安，铸就了一个共同的名字——见义勇为英雄。以上七位百姓英雄只是我国当今千千万万见义勇为英雄的缩影。一个个勇敢的身影，一桩桩感人的事迹，凝结成了见义勇为的精神内涵，树起了中华儿女扶危救难、弘扬正义的丰碑。

近年来，在英雄们的感召下，在全社会的共同努力下，见义勇为这一中华民族传统美德已在中华大地蔚然成风，崇尚见义勇为行为、争做见义勇为英雄的良好氛围日益浓厚，有效地促进了社会主义精神文明建设，为全面建成小康社会，实现中华民族伟大复兴的"中国梦"奠定了良好的基础。

三、新时期新时代弘扬见义勇为

（一）政策倡导　弘扬社会正气

见义勇为是中华民族的传统美德，是时代精神的具体体现。近年来，我国在倡导和弘扬见义勇为精神的同时，也在不断完善见义勇为奖励和保障措施。比如浙江在全国率先制定了省政府慰问见义勇为人员的保障制度，规定对见义勇为牺牲人员的抚恤，除了按照规定享受烈士和因公牺牲的抚恤待遇，还对遗属分别增发一次性抚恤金30万元和20万元，不让英雄"流血又流泪"。

让见义勇为者"流血又流泪"，并不符合弘扬社会正义的价值取向。加强对见义勇为行为的保障，并不缺少社会的共识，在政策层面之上，从国家到地方也陆续制定了一些相应的规定，许多地方先后出台了奖励抚恤新标准。2012年，国家七部委还针对见义勇为者就医难、生活贫困、就业难等问题，专门研究并出台了《关于加强见义勇为人员权益保护的意见》，将见义勇为人员的医疗、就业、住房及其子女的教育，纳入相应部门救助、救济的范畴。2017年，公安部出台了《见义勇为人员奖励和保障条例（草案公开征求意见稿）》，对见义勇为者的合法权益做出了明确的规定。

为了支持和表彰见义勇为行为，各地纷纷设立了见义勇为基金会，对见义勇为者给予物质奖励。见义勇为者除了可以从侵害人、受益方得到赔偿、补偿，还可以获得见义勇为基金会对其行为的奖励，此举极大地调动了全社会见义勇为的积极性，弘扬了见义勇为精神。

（二）挺身而出　践行正义之举

"人无精神则不立，国无精神则不强。"新时代需要更多见义勇为的高尚品质，我们每个人都要积极参与、挺身而出，为新时代文明建设作出自己应有的贡献。

内蒙古普通农民王金清，从17岁第一次下水救人，至今已救出180多条生命。他的事迹也影响和带动周围越来越多的人加入救援志愿队伍。到目前为止，救援队伍已发展到7人。2016年6月，这支救援队荣登"中国好人榜"，为黄河岸边的人们搭建起了一座生命的桥梁。王金清这支救援队伍的勇敢之举，用"舍己为人"诠释了对生命的敬畏与热爱。

社会需要更多像王金清这样的勇士义举，撑起人间大爱之伞，保护和挽救更多的生命。我们要大力宣传和学习他们的舍己救人精神，以他们为榜样，学思践行，自觉做一名"弘扬见义勇为正气，争当见义勇为勇士"的推动者和践行者，保护他人生命财产安全，维护社会安全稳定，营造惩恶扬善的社会氛围。

（三）见义勇为　更要谋略智取

人们往往把见义勇为视为道德高尚行为，将"不顾个人安危"视作重要的价值导向予以宣扬，这导致了两种结果：一是超越能力，让见义勇为变成了后果可预料的犯险行为。比较常见的诸如未成年人救人、救火等，特别是施救落水者，孩子救人不成反溺亡的事件屡屡发生，让见义勇为充满血色的痛感。这显然忽视了"见义勇为"对专业技能的基本要求。在这里，我们不鼓励这种"见义勇为"，这是对见义勇为者生命的敬畏与尊重。二是盲目非理性，导致个人以及其他人员不必要的伤害。比较典型的现象如驾车追逃，将自己、逃跑者以及公众置于险地，因而产生伤害，如导致他人伤亡，追逃者还会被追究法律责任，甚至是刑责。同样，我们也不倡导这种盲目非理性的"见义勇为"，这是出于对他人生命的敬畏与尊重。

因此，对生命平等的敬畏与尊重是见义勇为的基本要义之一，也是厘清见义勇为观念模糊地带的基本尺度，避免见义勇为沦为没有边界的道德诉求以及没有限度的道德义务。

近些年，见义智为渐成共识，这体现了时代文明进步，而在立法上明确倡导，更具有导向意义。

2018年11月23日,经江苏省十三届人大常委会第六次会议表决通过,《江苏省奖励和保护见义勇为人员条例》将于2019年1月1日起施行。该条例在界定见义勇为人员的定义时,将"不顾个人安危"表述删除,强调对生命的敬畏和尊重,既肯定大义凛然、不怕流血牺牲的见义勇为,更鼓励、倡导科学、合法、正当的见义智为。[①]

见义智为不仅能达到救助的目的,更体现着行动的科学性、智慧性。现在将见义智为列入法条,体现了对个体生命的尊重,是与时俱进,也是人文关怀,更是法制的进步、文明的进步。我们应在保护自身安全的情况下,选择科学、合理、正当、有效的方法见义勇为,减少盲目性和非理性冲动,做到智为善为。

■ 四、结语

见义勇为是中华民族的传统美德之一,做好传承与发扬,是我们追求的目标和使命。我们向英雄人物致敬,就是要大兴学习之风,从他们身上汲取精神力量,在赶、帮、超的过程中,唱响见义勇为正义之歌,让见义勇为成为时代的文明标识。在这个风云变幻的社会里,每个人都有机会成为时代英雄。"好人不再沉寂,好人就在身边,好人必受追捧。"见义勇为的时代主题永不褪色,只要我们心怀正义,积极行动起来,共同营造向善向好的社会氛围,就能凝聚正义力量,维护社会和谐稳定。

---

① 选自2018年11月26日《中国青年报》。

第三章
为人有道讲诚实
处世无欺唯守信

我国流传着许多有关诚信的名言，如"人无信不立，国无信不强""人若无信，不知其可也""言必信，行必果"等，都道出了诚信的重要性。的确，诚实守信是为人之本，从业之要。首先，做人是否诚实守信，是一个人品德修养状况和人格高尚的表现。其次，做人是否诚实守信，是能否赢得别人尊重和友善的重要前提条件之一。

一、古往今来谈诚信　为人处世见品德

诚实守信，亦称诚信，不但被中国先贤仁人和历朝管理者推崇，也是我国社会主义核心价值观构建提倡的道德内容。诚实守信是中华文明的承载与客观实践，鉴于不同历史条件，其价值呈现有所侧重，但内里核心仍保持相对稳定，这种贯穿一致的追求成为中华文化自信的重要支撑。

（一）先秦时期：诚信见于百家争鸣

中国传统诚信观不仅有着深厚的思想根基，而且有着悠久的历史渊源。春秋战国时期，社会转型所引起的价值冲突导致人与人之间、诸侯国之间的背信弃义普遍存在。诸子百家从不同的立场进行了深刻的反思，阐发了各自的诚信观。

1. 魏文侯：言出必行

魏文侯是魏国的第一任君主，曾和官员相约打猎。约定当天大雨凌空而降，门客低声建议："这雨太大，怕是打不了猎。跟那小官说一声，再约个日子吧。""我与这个官员早约好去打猎。今天喝酒赏乐也有乐趣，但是开心也不能忘记约定的事情。"魏文侯正色回答，上车赴约。古话说："是故诚者，天之道也；思诚者，人之道也。"这指出人应思诚而与天道相通，做到诚实无欺。魏文侯冒雨赴约，就是用"至诚"标准约束自己，将信验证，证实"至诚"。他做到了言行一致，赢得了好名声，也招来了天下英才。军事家吴起也在投奔者行

列中,这批英才最终帮助魏文侯成就了一番功业。魏文侯要树立令追随者信赖的诚信君子形象,选择冒雨赴约让周围的人相信自己的个人品质。人无信不立,少说空话,多做实事的人才能让人信任。从政者重视信誉,社会公信有保证,社会凝聚力自然会增强,国家才会兴旺。

2. 乐正子春:拒伪诈铸信用

春秋时期齐国派遣使臣向弱小的鲁国索要谗鼎,并提出要乐正子春担保。乐正子春是鲁国青铜器行家,更以孝义与诚信闻名天下。鲁国国君请乐正子春到后殿,"乐正先生,齐国仗着国力强大勒索宝鼎。如果不给,就要兵戎相向。先生,你说我应该怎么做?要答应他献出宝鼎吗?"乐正直言相问:"国君的打算呢?"鲁国国君尴尬道:"我仿制了一只宝鼎拿给他们。齐使说若先生承诺为真,他绝不啰唆。先生看这样可行吗?""您为什么不把真鼎给他们呢?"听到反问,鲁国国君满脸臊红,蚊子般出声:"我很喜欢真鼎,舍不得给他们!"乐正子春重新整理衣冠,郑重地向鲁国国君深施一礼,"您看,正是这个道理。您爱惜宝鼎,舍不得给人,我受父母教诲,珍惜自己诚信、不撒谎的声誉,也舍不得让人玷污它。"

鲁国国君用假鼎蒙混,使臣信乐正不信君主,反映出当时社会诚信缺失程度之严重。双方没有彼此"相信"的愿望,信任无从产生。缺少长时间积累的信任,"信用"无从建立。乐正子春秉承家教,重视诚信,诚实面对自己内心的想法,用言行一致建立信任,以认真维护每一次信任,从而累积个人信用。比照乐正,分析鲁国国君的言行,我们看到:因为害怕对方武力假意允诺在先,继而因个人私利造假骗人于后,最后凭高位再谋串假,三番撒谎与乐正追求的诚信完全背离。乐正子春与鲁国国君的对话证明：立信犹如针挑土，千百次守信，方能换来信任；失信却如浪淘沙，而一次失守，难挽失信狂澜。慎重地讲一句话容易，认真负责地讲每一句就不那么简单。建立个人信用需要投入时间，过程中伴有经济风险，甚至生命危险，因此个人信用需要依靠坚持来呈现价值，依赖勇气来检验意义。在使臣心中，乐正子春乃社会公器，代表了正直和良知。乐正自律的言行和无畏的勇气完全当得起敌国使臣对他的尊重和信任，配得上社会公器的赞誉。

3. 董狐：史官敢担当

世人无永生，青史留名成为许多人的毕生追求。中国古代设立的太史官一职，负责记录当世史实，无实权，但有风险，甚至累及性命。太史官董狐负责编写国史。国君晋灵公昏庸无道，大臣赵盾劝谏反遭迫害，被迫流亡国外。后晋灵公为赵盾族人刺杀，回国的赵盾得到新君重用。赵盾向来关注史官言论，见董狐牵扯上了自己，生气地质问："晋灵公死的时候我人在异国他乡，怎么能说我以下犯上谋杀了君王？你栽赃朝廷命官，是杀头的罪过。"董狐不慌不忙回答："刺客是你族人，不假吧？他帮你报了仇，不错吧？你当时虽不在国内，可你回来身居高位，至今也没有追捕惩处刺客。你说自己没在场，行，要说与此事毫无瓜葛，谁会信！"赵盾没法下台，恳求董狐："来日方长，太史官还是修改一下，日后大家好相见。"董狐严肃地说："我是个史官，记录历史是职责所在。胡编乱造，欺骗后人的事我不干，为个人私利答应你改写史书，我也做不到。与其让后世唾骂我不讲职业信誉，我还不如让大人割下脑袋保全节操。"

董狐是春秋时期人士，他对赵盾的质疑涉及三个方面：族人刺杀晋灵公，赵盾受益,此事实抹杀不了;无法对不追杀刺客自圆其说,赵盾因私废事欠正直;质问、恐吓、诱惑齐上,赵盾所为所言不谨慎。赵盾在三方面表现出来的虚假、自私和反复,完全背离夏商周时期对从政者的诚信要求,因此,不卑不亢、据理力争的董狐赢得了赵盾的尊重。万世师表孔子高度赞扬董狐诚实、公平正直、心口一致,称其是后代史官的榜样。儒家认为,传统道德之中的诚信源自人心,"心正则诚",且只有"内诚于心",才能"外信于人"。因此,为了让传统诚信美德根植于心,儒家思想总是注重个人的道德修养和德性升华,注重内在的道德范畴。

4. 吴起立信:推崇约法

军事家吴起投奔魏文侯,被委任为西河太守,驻守离秦国很近的西河[①]。秦国有个哨亭靠近魏国边境,秦兵经常过境挑衅和骚扰,因为国力不及秦国,属地官吏又无能,百姓整天担心对方骑马来毁坏良田,烧杀抢掠。

吴起到任,决意除掉这个哨亭,遏制秦国人的气焰。一天早起,百姓发现盖有"西河太守"大印的告示贴在北城门边,近旁还有根新竖起的辕木。一时间,百姓们奔走相告,"把辕木扛到南门,就能获得太守奖赏的良田和上等住宅"。车辕谁都扛得动,扛到南门也是小菜一碟,太守真会为它给这么丰厚的奖赏?太阳西沉,辕木的影子越来越长,和那张告示相伴。巨大的利益撩得大伙心火难耐,可谁也不敢有所举动。一个十多岁的男孩路过北门,看了告示,决定试一试。他扛起辕木,在人群簇拥下到了南门,放下辕木,在大家指点下进了太守的府第。一会儿,少年开心地高举着太守赏赐的田契和房契跑出

[①] 出自《韩非子·内储说上》。战国时期离秦国很近的西河,今在陕西合阳一带。

来。看热闹的人见太守没开玩笑顿感后悔。不久，城东门下搁了一石红豆，众人得知，太守下令运红豆去城西门，比照前一次赏赐。人们抢着搬运红豆，如数拿到了允诺的财物。趁着众人情绪亢奋，吴起宣布："明天我要攻打秦国的哨亭。能够率先登上哨亭的人，太守让他当国大夫，还赏他上等的住宅和田地。"百姓踊跃报名，一支军队迅速集结完毕。吴起亲自率队攻打秦兵哨亭，士兵争先恐后，勇猛异常，一个上午就攻陷了对方防守，彻底摧毁了秦兵哨亭。

吴起要给太守树立一个言而有信、值得信赖的公众形象，拿出重赏招数。具体方案简单：扛运辕木或者搬移红豆，执行就依言奖赏。重赏引得百姓关心也招致众人疑心，好在吴太守打赏也不手软，确实是大手笔。吴起投注财富，从诚信入手重新树立太守的形象，再靠诚实守信得到老百姓的拥护。官民一体，百姓一旦信任官府，便能为它奋勇杀敌、赴汤蹈火。魏文侯、魏武侯父子得吴起等能人辅佐，国力迅猛提升，不久便跻身战国七雄之列！

5. 孟胜守义：言必信，行必果

墨家巨子孟胜与阳城君交好，受托守护其封地。楚悼王命吴起为相实行变法，触动阳城君利益，阳城君在楚悼王死时发难，杀死吴起后逃亡，继位的楚肃王派军收回阳城君封地。孟胜决心履行诺言，自己要与阳城共存亡！弟子徐弱劝阻："对阳城君有帮助，赴死是可以的。对阳城君无益，却使墨家断绝于世，这不可以。"孟胜说："墨子之道，言必信，行必果。我若违背承诺，今后诸侯寻求严师、贤友、良臣，肯定不再信托墨者。我赴死是践行墨子之道。巨子之位,我传给宋国墨者大贤田襄子,他必能光大墨子之道!"徐弱拔剑请求:"请允许弟子先死,为夫子开路!"约180墨者追随孟胜赴死,用生命兑现了对阳城君的承诺。

孟胜守义事件后近两百年间,言行一致与全力兑现承诺的墨家弟子遍及天下,至今我们仍能从英雄侠客的义勇精神中感受到墨家弟子不计生死捍卫信用和名誉的余韵。墨家弟子学习墨家学说与主张,为了实现非攻的主张,他们时刻准备着投身守御弱国,也时刻准备着为实现其道德理想而牺牲。墨家重视诚信,更重视以行动对照言语是否出自真心,信成为墨家评判个人道德高下的重要标准,忠信之士是墨家最推崇的道德典范。孟胜为"义"而死,可见墨家之牺牲精神。

乐正子春在自己实践中将诚、信并重,主客观保持一致,对违反诚信的人敬而远之,对不符合诚信原则的事坚决拒绝。吴起代表的法家推崇约法,讲求言而有信。孟胜代表的墨家强调言必信,行必果。荀子把"诚"从孟子的做人之道扩展为治世之道,将"诚"与"信"由家庭伦理、朋友伦理扩展到一般的交际伦理,由此中国伦理思想史上的诚信范畴得以确立。

(二)秦唐时期:诚信是道德和国家理念

汉代董仲舒提出"罢黜百家,独尊儒术",将诚信列为"五常"之一而世代传承。唐代"诚"已经从夏商周时期对鬼神的虔信发展到对君主的忠诚,"信"则被纳入治理国家的重要内容,并渗透到封建政治、经济、文化中。故古人有云:"诚信于君为忠,诚信于父为孝,诚信于友为义,诚信于民为仁,诚信于交为智。"

1. 李世民：治国理念

魏征深刻剖析失信对国家、民族、个人的危害，通过论述诚信的重要作用，提出为政者应该讲诚信，而且应善始善终讲诚信。李世民高度认同魏征"以诚信为治"的立国主张，在他的强力推动下，贞观年间形成了弘扬诚信和践行诚信的浓厚氛围，一批重要大臣和武将，或对诚信问题进行过系统论述，或在自己的权限范围内努力践履"诚信"思想，取得了显著成效。这些探索作为重要的思考方法和执行手段，甚至以文化习俗的形式延续下来。

贞观十年，魏征上书强调"诚信"对治国安邦的重要作用："君子所保，惟在于诚信。诚信立则下无二心，德礼行则远人斯格。"①国君地位依赖诚实信用保障。诚实信用建立了，臣子就不会生二心；德行礼义形成了，边远的人民就会前来归顺。褚遂良、长孙无忌和温彦博等人对诚信处理民族关系见解深刻。褚遂良认为，国家政权对少数民族守信，可以展现唐王朝的大国形象，有利于化解或避免民族战争。因此，他提出两条中原王朝的守信原则：一是有始有终，二是坚持做到"为恶者在夷不在华，失信者在彼不在此"。突厥爆发天灾，有人建议唐太宗出兵，长孙无忌直言反对："虏不犯塞而弃信劳民，非王者之师也。"在安置突厥的大讨论中，温彦博建议唐王朝对突厥"示无猜之"，即以"诚信"对待边疆少数民族。武则天为政继续倡导诚信，她指出"凡人之情，莫不爱于诚信"，而且还给出了理由："诚信者，即其心易知。"即是说，人的情感都喜欢讲诚信的人，因为讲诚信的人，他的内心世界容易

---

① 出自（唐）吴兢的《贞观政要》卷五《诚信》。

被人所了解。

"嫁得瞿塘贾，朝朝误妾期。早知潮有信，嫁与弄潮儿。"李益《江南曲》是中唐最流行的闺怨诗。唐代商贸发达，疆域辽阔，大批经商者从事商品远途贩卖，长年在外奔波，商人的妻子独守空闺，过着孤单寂寞的生活。唐代闺怨诗盛行从一个侧面证实了当时社会青睐讲诚信之人，唾弃不诚信、不守诺之人。嫁给长江瞿塘商人的女子抱怨丈夫不守闺房之约，总是错过夫妻相会的日子。潮水涨落讲"诚信"有定准，嫁个商人还不如嫁个弄潮之人，他还能定期回来与妻子相守。少妇想法很实际，希望丈夫能信守闺房之约，别只顾赚钱。民间好恶是时代政治的风向标，闺怨诗中对"诚信"的褒贬也是当权者倡导宣教的成果。李世民对诚信功能的认识以及他所倡导的诚信规则，对当时以及后世都产生了积极的影响。

2. 李固言：忠君直言

唐文宗李昂勤于政务，无论大政方针还是具体措施，都乐于听取大臣的各种建议，尤其喜欢听人直言不讳。陕西凤翔人李固言是前朝状元，从小口吃，言辞木讷，多年为官依旧不改自己诚实耿直的本性。

有一次朝堂议事间隙，唐文宗问大家："朕听说有些州县的官员不称职，真有这回事吗？"众人面面相觑，没人主动回答。"启奏皇上，"李固言出声。"微臣知道邓州刺史李堪、隋州刺史郑襄就特别不称职。""微臣举荐李堪任刺史，因为我深知他的为人和能力，你说他不称职根本就是危言耸听！"宰相郑覃立刻站出来，"李堪处理那么多事情，疏忽或纰漏有可能，怎么能说特别不称职？"李固言严肃地回敬郑覃："丞相别忙着替他说话。朝廷考核官员，应该根据他任职的情况来观察他是否称职，以此作为升级或者贬职的凭据。"唐文宗本意借此事敲敲边鼓，没想到李固言来了个实锤，官职姓名都报出来了，再认真大家肯定翻脸，赶紧出声："宰相唯才是举，用其所长即可，不必避讳亲疏。固言就事论事，敢于直言，值得称道。"

在李世民、武则天等人的努力下，诚信作为国策几乎上升到了关乎天下兴亡，人心向背的高度。诚信作为立身、立言、立德的基础品行，既是安邦治国兼济天下的政治手段，也是独善其身的人格修炼。李固言说话做事不懂得见风使舵，得罪人也不自知，加上木讷口吃，现场辩解时常力有不逮，在党争激烈的唐朝中后期，李固言仕途也有起落，但从未受到过大的冲击，关键在于他完全依循君臣之礼，对皇帝绝对忠诚。李固言秉持诚信原则，立身有根，处事有据，赢得了皇帝的信任和保护。有人说这叫"傻人有傻福"，究其本质，是傻人单纯、实诚，不懂得见风使舵，也不会事不关己高高挂起地明哲保身，更不会人后陷害伤人，对同僚不藏害人之心。功利心缺失的"傻人"让周围的人无须顾虑后患，放松了戒备心理。

（三）宋明时期：诚信哲理化倾向明显

宋朝商人子弟科举入仕，与皇帝、王侯瓜分政治与经济资源，形成世袭权力与财富集团，为新时期的诚信观增添了新的内容。从周敦颐到朱熹，一批理学家不断丰富和发展前人成果，将"诚"界定为"真实无妄""诚实无欺"，其探讨内容不但涉及真诚、善、实理、良知、言行一致、不自欺等内涵，而且包含着太极、理、无、气等流于虚无的唯心主义特征。①理学家们从主体视角来认识和把握诚信，诚信的结果是建立主体的信用，通过反复循环进行自信、信人、欲人信、使人信等几个环节，形成完整意义上的诚信过程和关系。②

"信"是儒家德治思想的边防，与"仁""义""礼""智"一起构成"五常"，作为传统社会的核心价值观，起到了安定人心、治国理政的重要作用。孔子所说的"己所不欲，勿施于人"是对诚信最好的诠释，这一诠释已得到国际社会的普遍认同。同时，诚信要与自尊、自信、自爱的法权人格相结合。

1. 欧阳修：诚实署名不贪功

1044年，宋仁宗下令重修《唐书》，欧阳修中途奉命加入《新唐书》编撰工作，17年后225卷的《新唐书》初稿完成。鉴于书稿前后矛盾、风格体例不一，以及欧阳修、宋祁二人署名等事，仁宗召来欧阳修询问，终于明白当初欧阳修婉拒《新唐书》编修一职的苦衷，也清楚了书稿出现纰漏的原委。《新唐书》包括本纪、志、表和列传，当时文坛知名人物宋祁、吕夏卿、梅尧臣等都参与其中。宋祁编撰"列传"部分，欧阳修撰写"纪""志"和部分"表"的内容。就篇幅看，宋祁负责的"列传"有150卷，欧阳修负责部分只有25卷；从撰写投入的时间看，宋祁付出了10年光阴，欧阳修用去了7年时间。欧阳修坦白："宋祁学问好，文章写得很漂亮，微臣哪敢加工润色其文字？史书编撰者见解不同是常事，微臣哪能随意修，将自己的意见凌驾于宋祁之上

---

① 陈劲. 中国人诚信心理结构及其特征［D］. 重庆：西南大学，2007.
② 郑秀玲. 析诚信的进化［J］. 山东师范大学学报（人文社会科学版），2005（5）.

呢？依照我朝惯例，合写书籍署名只有职位最高的人，参与人不署名，微臣任参知政事，官职比宋祁的翰林学士高，可宋翰林在编修《新唐书》中耗费的心血、撰写的文字比微臣多，只凭职位高就掩盖宋祁的贡献，微臣心里过意不去，也无法接受。何况宋翰林是在下敬重的前辈，如果微臣不秉持公正之心，贪占他署名的权利，敬重前辈岂不成了一句空谈。皇上任命微臣编纂《新唐书》，这是千古留名的美事，现在书稿完成了，请求皇上恩准宋翰林与微臣共同署名。"

欧阳修的一番说辞理由充足，情真意切，其襟怀坦荡、不贪虚名的精神得到了皇帝赞许，宋仁宗同意为《新唐书》署名破例。"诚"是人真实不欺的品性和做人原则，更是道德修养的重要内容。"诚信"是个人不撒谎、不假诺，言行要使人相信。从努力方向看，宋朝欧阳修的诚信从不欺己转为不欺人，诚信在这种关系中获得了一种道德含义，成为基本的道德规范和要求。

中国文人都希望著文立说，求得名垂千古，皇上钦点。编纂《新唐书》的荣耀实在是巨大的诱惑，欧阳修不忍贪名当初婉拒皇上旨意，这在君臣体系和文章千古事的环境中颇不常见；不援引惯例心安理得地占有他人劳动成果的不贪功行为更是异类；践行"言行一致"，像欧阳修这样在皇上面前积极主动维护他人利益的人则更是凤毛麟角。欧阳修处理编书署名一事，从个人层面、人伦层面和道德层面集中体现出我国传统诚信的特点，体现出大家风范。诚信在个人层面是诚实，首先是一种道德规范（不抢占别人功劳），其次是一种人伦规范（不抹杀长者、前辈的贡献），最后是一种个人品德（维护他人利益）。

2. 寇准：年龄无假得重用

宋朝皇帝赵匡义认为年轻人经事少，不堪大任，因此选官一看是否进士出身，二看年龄大小，近臣私下会提醒新进士领悟帝王心术。公元980年，寇准新中进士，时年19岁，友人建议他虚报两岁，他严肃拒绝："我刚踏入仕途，还想有所作为，怎么能欺骗君主，做违背良心的事呢？"初生牛犊不怕虎，皇帝的问询寇准对答如流，对自己未及弱冠也如实说出。经过严格考察和深入交流，皇帝对寇准言之有物的谈吐和光明磊落的举止大为欣赏，委他以县令之职。

孔子云："君子义以为质，礼以行之，孙以出之，信以成之。"意思是真君子干事业，以道义为原则，依礼节加以推行，用谦逊的言语来表达，用诚信的态度完成。唐代有"五十少进士"，50岁能够中进士已经很不错了，宋朝科举之路也相当不易。寇准考中进士，聪明毋庸置疑，以不足弱冠年龄却能坚决地抵御诱惑，拒绝撒谎，即使可能失去唾手可得的机遇也不作假，其坦荡的君子胸襟更令人折服。赵匡义公开表示："我得到了寇准就像唐太宗得到了魏征。"让一众大臣知道了他对寇准人品的欣赏和能力的倚重。

3. 陶四翁[①]：商人求利不悖义

宋朝钱塘江畔染坊林立，桃红柳绿的织物染色，要数朝廷四品官员朝服使用的紫色最受追捧。陶四翁有间染料店，经营棉麻绸绢等纺织坯料，还有赤橙黄绿各色染料。紫色服制比红色系规格更高，汉武帝刘彻把紫色定为御服和官

---

① [宋] 施德操. 北窗炙輠录[C]. 宋元笔记小说大观. 上海：上海古籍出版社，2001：3303-3318.

服的标准颜色，尊贵的人都选择紫色服饰，唐代一度出现"满朝文武皆朱紫"的景象。紫色来源于紫草根，紫草根中紫汁含量很低，一斤干燥紫草根，处理后经过一个上午加工，搓揉出来的紫汁只够染出两尺见方的丝质坯料。若要浓艳的紫色，这个过程就得重复十多次，因此，染织店必须设法储备一定量的紫草，陶四翁常为紫草不足着急上火。

一天，商贩来陶家店里兜售紫草，陶四翁筹措了四百万钱买下看起来很不错的整批原料。隔天店里来了一位布匹进货商，落实好采买事宜，接过店主人推荐的紫草样品研究："店家，这些紫草不大对啊！这些紫草应该是九月雨水来临前没有及时收采，又被蒸晒了过头，根部的紫色流失殆尽，搓不出多少紫汁了。"客商劝慰陶四翁："店家，你也不要太担忧，这些假紫草还可以染布。我愿意帮你一个忙，把这些紫草便宜点售卖到那些小的染坊去，我们明天谈谈此事。"

第二天，商人如约前来。陶四翁将客商带到货场，假紫草全数堆积在那里。陶四翁当着客商的面点燃紫草。客商频频打量一脸憔悴的陶四翁，终于问道："店家，别人知道这些紫草有问题了？""没有，"陶四翁缓缓道出自己的想法，"购买这些紫草，我已被人骗了，怎么可以转而再骗他人！"

诚信是我们中华民族的优良传统，宋代著名的商人陶四翁、沈硅、姜八郎、杨文昌等都将诚信誉为立身之本、行商之道。宋代商人坚守诚信，不但能为自己赢得口碑，而且还会获得更大利益。[①]宋代商人在经济观上坚持"逐利"和"农本位"的理念。商人是以"趋利"为目的的，宋代商人深刻地认

---

① 刘锦增等，宋代商人价值观探析［J］. 东华大学学报，2014.

识到要"获利"必须恪守商道,以诚信为本,重视商品的质量,努力把握商机。

从经济角度看,止损、减少个人损失是人之常情,因此,陶四翁没有当场拒绝客商分摊转移损失的建议。难得的是,他放弃唾手可得的个人利益,主动承担本可以逃避的恶果,以诚信经营、信誉至上的商业伦理处理商业活动中的利益关系。后来,"修合无人见,存心有天知"的社会效益在陶家充分显现出来,陶家后世人丁兴旺,生活富足,子孙大都颇有出息。

商人在经营中纵使处处小心,也难免遇到伪劣商品,为此若要坚守诚信,首先就要对个人严格要求,自己的诚信不能以他人的诚信为前提。陶四翁焚假草成义商,后世商海亦不乏效仿者。嘉庆年间休宁商人吴鹏翔[①],经营粮食和南北干货。一次,吴鹏翔与人签下800斛胡椒采买合约,后经人辨识,发现胡椒有毒。原卖主虽同意双方中止协议,却央求吴鹏翔返还有毒胡椒。吴鹏翔为防止卖主"他售害人",竟将有毒胡椒全部买下并付之一炬。他与陶四翁一样,宁愿蒙受巨大损失,也坚守诚信,不赚违背天理良心的黑心钱,更勇于担当社会责任,不让伪劣商品再次流入市场。

欧阳修、寇准的诚实发于主体内心,理学家们又将其扩展为仁、义、礼、智、信等多种道德,故周敦颐称诚信为"五常之本,百行之源"。

(四)明清时期:诚信使人求财更重义

王夫之对儒家诚信范畴进行了全面的总结、批判和创新。在诚信问题上,

---

① 出自《休宁县志》卷一五《人物·乡善》。

他认为正确的做法应该是"内不失己,外不废物"的"己物相成"。受商业文化的影响,明清诚信观烙上了经世致用的思想痕迹。人们将对传统诚信观的继承与探究转移到学术与思想的经世致用,但诚信之风却在清代的商界得到了较多的重视和传播。

1. 失信商人赴黄泉

祸莫大于无信,《郁离子》收录了一则失信受罚,直至累及性命的中国古代故事。一商人过河落水,高呼:"我是济阳首富。救我的人,给你100两金子。"渔夫救他上岸,商人耍赖只付10两金子。渔夫责怪他出尔反尔,商人却说:"10两金子还嫌少?打一辈子鱼你能挣到多少?"渔夫不语,抽身离去。不久商人在原处再次落水,有人欲伸援手,遭骗的渔夫出言道:"他就是那个言而无信的商人!"众人转身,任由商人沉入水底。

古人云"一言不实,百事皆虚",商人说话不算数,失去了渔夫的信任,再次落到相同境遇时,报应来了,无人帮助的商人只有坐以待毙。韩非子说"小信诚则大信立",商人无视承诺的意义,让渔夫看清了他的为人,也看轻了商人的诺言。两次落水遇到同一渔夫是巧和,可商人缺少诚信,食言而亡则不出预料。人依赖群体生存,撒谎和失信是对群体建设的挑衅,必然会遭受群体规则的反弹,甚至反噬,失信的商人就是因此失去了生存的基础。一句谎言,可能足以颠覆自己在他人心中的印象;一次失信于人,结果也许得不偿失。因此,人无诚信,不可立于世。

2. 何秀才:不忘初心

人生在世并不是为了眼前的虚荣,而是让自己活得心安理得。明朝秀才何岳[①]赶夜路捡到了一个装有200多两银子的袋子，担心家人劝自己留下，他没对人提起。隔天，他回到捡钱的地方，见有人低头一路寻找，何岳上前攀谈，见钱数、袋子特点等全部相符，当即掏出钱袋交给对方。失主拿出些钱对其酬谢，何岳则说："没人知道我捡了银子。我不言声就有200多两，何必给你以少换多？"后来，何岳到某官员家教书，官员临时托他保管银箱，内有数百两白银，嘱咐何岳等异日自行提走。一年、两年，官员没有音讯，二人慢慢断了联系。多年后，另选东主的何岳打听到官员的侄子回来公干，即将返程去拜谒叔叔，何岳赶紧拜托他将钱箱捎给官员。

何岳不觊觎他人的财物，符合"君子爱财，取之有道"的古训，两次还钱时表现出来的主动、坚决与积极，远超出人们对君子受人之托、忠人之事的期冀，诠释出中国儒士"重德、重心性，而不重表面"的谦谦君子风度。君子是读书人的榜样，读书人的言行是天下人的表率，商人崇拜读书人，更将何岳这样的君子视为自己终生追慕的典范。

中国商人学习读书人不欺暗室，更努力向君子看齐，学习他们的担当与心胸。君子"不以物喜，不以己悲"的修养让何岳主动选择了再次还钱，他牢牢地把握自己的情绪，全不预设和期待对方的反应，不让别人的行事方式困扰自己。诚信不是选择做让人知晓的事，而是坚持做内心认同的事，如此心态才能让人面对得失，怡然自如。

时代发展给个人诚信注入了新鲜信息，改变了我们读解古人行为的时空基点。《孟子》曾提到"反身而诚，乐莫大焉"。（反躬自问，诚实无欺，便是最

[①] 出自［明］周晖的《金陵琐事》。

大的快乐。)马克·吐温也说过"人若能摒弃虚伪,则会获得极大的心灵平静",或是对何岳拒收酬金的最佳解释。在他人看不见、听不到的时候,人最易产生侥幸心理,做出自欺的行为,因此得经书指引,中国的读书人在个人独处的时候要处处谨慎,常怀戒惧。《中庸》有云:"是故君子戒慎乎其所不睹,恐惧乎其所不闻。"其意是,别人没看到时,君子要谨慎自己的行为,大家没听到时,君子更警惕自己的不良思想和行为,要做到不欺暗室。[①]诚信,是中华民族几千年来的优良传统,是千金不易的可贵品质。

3."戒欺"匾:信义在诚不在形

胡雪岩于1874年创办杭州胡庆余堂,他对店内所售药材质量十分重视。一次得知店里将虎骨追风膏的主要原料虎骨换成了豹骨,他即刻革除药材专管人员,当场写下"戒欺"二字作为店训。胡雪岩意识到药店声誉必因此事受损,应该让伙计们清楚自己的职责,于是他制定"药业关系到性命,尤为万不可欺""采办务真,炮制务精""以信为本,真不二价"等店规,并将它们悬挂在店内显眼处,提醒伙计也告知顾客监督。伙计若是违反,轻者掉饭碗,重者送官吃牢饭。因为有"戒欺"的堂训,胡庆余堂的伙计时刻兢兢业业,不敢有丝毫懈怠,遑论欺骗行为。胡雪岩将自己的办公室取名为"耕心草堂",提醒自己常耕心田,及时锄去邪念,成为一个堂堂正正的商人。在胡雪岩不遗余力地经营下,胡庆余堂获得极好的社会声誉,渐渐成为与北京同仁堂齐名的南方药店。

胡雪岩从原材料采买、药品加工制作到药品销售都有明确要求:"采办务真"指把住药材原料进货关,要采购地道药材,不能以次充好;"炮制务精"

[①] 白春雨. 儒家诚信之德及其现代意义[D]. 上海:复旦大学,2004.

是为保证药品质量，要做好药材的去杂提纯等加工事务；"以信为本，真不二价"则代表重视诚信、货真价实。胡雪岩作为医药经营者在为自己谋利的同时，自觉承担起社会责任，坚持药品质量优良，一视同仁优质服务，在获得社会广泛赞誉的同时，实现赢利最大化，体现了中国传统文化以人为本、和谐相处的核心价值。

这种终身坚持的行为于国于民于己有利，胡荣命、吴南坡和胡雪岩经商都能获得成功，原因就在于他们坚持做到于人于己皆有利，绝不损害他人利益获取不义之财，在此基础上将社会责任与经济效益统一和最大化，这也正是古今有良知、有远见的商人、企业家追求的最高境界。

4. 君子交友义当先

诚实赢得千家赞，虚伪招来万户嫌。清朝商人程焕铨与苏州吴县（今为吴中区）商人蔡璘交好，将千两黄金寄存在蔡家，没有立下托管字据。友人去世后，蔡璘欲将黄金交还对方家人，友人的儿子非常惊讶，说："父亲从来没有跟我说过这件事，况且也没有字据。"蔡璘笑着说："字据存放在心里，不是留在纸上。你父亲了解我，所以从未向你提起这事。"[①]对照约定，守信与否获得确认。

友人之子和我们大家一样，相信看得见的白纸黑字，相信签字盖印的契约才能主张权利。程焕铨、蔡璘在无从对证、无人约束的情况下，坚守昔日之"诺"，信不在一纸合约，而在于心，在于心中之义。程焕铨、蔡璘以行动诠释了李白"诺重五岳"，友人之诺不仅要信于约，更应信于义。

千百年来，人们讲求诚信，推崇诚信，清朝各地县志均大量收录当地人经

---

① 出自[清]徐珂的《清稗类钞·敬信类》。

商时重然诺、守信用的事例，反映出清朝从民间到官家对恪守商业道德的商人的肯定和赞美，表明对"诚之为贵"的商业推崇达到了新的高度。

5. 商人重义胜乎利

光绪年间，义先生在上海租界经商，赔光了本钱。端午前夕，他买好船票准备渡江回乡。上船前的这段时光，他到"十六铺"茶楼静静心。义先生在坐下点茶时，发现身边椅子上有一只沉甸甸的皮袋子，他以为是旁边客人的，未加理会。茶客纷纷离去，皮袋子安静地躺在那里，义先生疑惑地扒开袋口：竟是一兜光闪闪的银元！①

困境之中的义先生惊喜交加！这笔大财来得正是时候，翻身的机会来了。他转念再想："不行，钱财是各有其主。我把钱拿走了，失主怕得摊上大事，要是累人性命，我就罪不可恕了，还是等等看，最好物归原主。"茶客们又换了一拨，上船时间也过了，天暗下来，义先生依然守着皮袋子，安静地坐在茶桌旁……

"就这，这个位子。"一个中年男子向他踉跄扑来，嘴里还激动地嚷嚷不停，后面两个人跟着站到了义先生桌前。"你们掉的？"义先生指着皮袋子问来人，"我等你们很久了。"中年人扑通跪地，"恩人哪！没您，我今晚就要上吊了！"

中年人贾先生供职于上海租界某洋行，奉老板之命前往城南收款，皮袋子里是收来的 1 800 多块银洋。看到"十六铺"茶楼，贾先生打算喝口茶就赶紧回去交差。他回到商行没看到皮袋子，顿时慌乱得无法自辩，老板见状，当即要求他归还银洋，否则见官。万般哀求后，老板同意贾先生沿原路折返找一遍，

---

① 出自〔清〕徐珂的《清稗类钞》。

碰碰运气,还叫两人盯牢他。

钱财失而复得,贾先生兴奋地提出用钱酬谢,请酒吃饭,可是义先生全都拒绝了,贾先生急了,撂下一句掉头就走:"明天早晨在下在某某酒楼恭候,恳请恩公大驾光临,不见不散。"

第二天早晨,义先生居然来了。贾先生正要施礼再谢,义先生却抢先道谢,说:"多亏您昨天丢了钱,让我捡回了一条命!"贾先生一头雾水,正待细问,义先生接着说:"我本该昨天午间乘船渡江,因为等您来取钱把船耽误了,回到住处才得知,那条船翻了,乘客无一幸免。我如果上了那船,岂不也一命归西了?是您救了我的命啊!"说罢再拜。两人互相感激得一塌糊涂。

义先生的善举挽救了两条人命。穷困潦倒的义先生拾金不昧的故事很快传开了,他的诚信、仁义赢得了人们的赞叹,大小客商纷纷找上门来与他做生意,他家的生意越做越大,后来义先生竟拥资数十万,成了当地的大富翁。

李白的《侠客行》曾以"三杯吐然诺,五岳倒为轻"来形容承诺的严肃性,强调诚实守信的重要。对于诚、义、利三者的关系,清代商人有着十分清醒的认识。黟县商人舒遵刚说:"生财有大道,以义为利,不以利为利。"他还说:"钱,泉也,如流泉然。有源斯有流。今之以狡诈生财者,自塞其源也。今之吝惜而不肯用财者,与夫奢侈而滥用财者,皆自竭其流也……因义而用财,岂徒不竭其流而已,抑且有以裕其源,即所谓之大道也。"钱财总有其来源,狡诈生财,就自己塞住其来源;奢侈和滥用钱财,则是"自竭其流"。舒遵刚认为"义"是利之源,因义生财,源头丰裕,这才算是懂得了"大道"的经商者。

二、新时代凡人小事　好榜样朴实言语

随着经济发展与社会环境的变化，诚实守信被赋予了不同的时代内涵，体现出新时代的特色。2016年中国留日学生江歌遇害案引发国内公众关注，2019年案件幸存者刘鑫一句"阿姨，血馄饨好吃吗？"①再次唤起公众对人性的追问，对公民品德的思考。个人诚信的社会价值在新时代市场环境下愈发显现出来，古代个人内心索求的君子品格与现代社会公共道德的公民品格空前一致起来，诚信作为社会主义核心价值观的重要内容，又一次被提到显性的社会公德建设中来。

（一）良心与坚持

在交往日趋频繁、竞争日益激烈的现代社会，失去公众认可和肯定的人，难以生存。个人的诚信行为包含两方面的内容：一方面能否正确理解和分辨诚信行为，做到遇事"诚实"；另一方面在面对诚信的知行冲突时，是否能够坚持诚信的立场，恪守"守信"的原则。就个体而言，社会诚信建设就是以社会主义核心价值观为引领，培育现代诚信观念，自觉提升自身的基本道德素养，彰显自身的人格魅力。

1. 油条哥的餐饮大业

中国人饮食需求不断发展，从"温饱"到"营养"，现在重点关注的是"健

---

① 2016年11月3日中国留日学生江歌被闺蜜刘鑫的前男友陈世峰用匕首杀害，刘鑫事发后返回国内，2017年年底陈世峰被判在日本服刑20年。

康",作为许多人早餐最爱的油条,也因为反复使用的炸制油受到了营养专家的抨击。

2011年年底,保定小伙刘洪安首次得知食用油反复加温有害健康,于是决意来年在自己经营了4年的早餐店实施"安全用油、杜绝复炸"的良心计划,让大家吃上放心油条。刘洪安在店里张贴"新年告知新老顾客",郑重承诺:"本店油条用油是一级大豆色拉油,是从植物油公司批量进入。油条用油每天都是新油,不含一滴复炸油,也请您审查和监督。"一旁专用的"验油勺",可以让消费者快速验油:老油用勺子舀起来,里边可以看到"黑星星"。墙上还有份验油"小窍门":"地沟油黏性大,有异味,加温后变色;复炸油颜色深,黏性大,含有杂质。"刘洪安说那是他特意上网搜集整理的。很快"良心油条哥"的名号传开了,慕名而来的消费者和投资者挤满了刘洪安的小店。一位老总提议合开食品加工厂,条件十分诱人,刘洪安以"油条哥"品牌作为无形资产入股,占股49%,出资1000多万元的企业,占股51%。不过"良心油条哥"内心十分笃定,名气热闹就是一阵风,自己还得踏实经营,对得起每天来照顾生意的顾客。

刘洪安全家都吃自家店产的食品,他很不理解那些不敢吃自家食品的经营者,"咱做的是买卖,顾客花钱买的是安全、营养和健康。人不能昧着良心,图眼前小利,如果让顾客吃出毛病来,那咱和图财害命还有什么区别?"2012年,小刘看到电视上协和医院大夫提及复炸油最上面一层可以继续用,他喜出望外,将炸完油条的表层油炸花椒油、拌凉菜,底层油全倒掉。这样每天倒掉三四斤油,每月耗油损失可以控制在四五百元。天天用新油,成本自然会增加,刘洪安店里的油条每斤平均比别家店高出 20%，他明码标价，提醒顾客。媒体跟踪报道，让"良心油条哥"家喻户晓，每天排队买油条的顾客络绎不绝。

核算下来，"油条哥"非但不赔本还有不小的盈利。进入良性循环的油条哥早餐店不断壮大，2018年发展成为拥有四家快餐店、一家面包坊、一家食堂的保定油条哥餐饮管理有限公司。油条哥也获"中国好人""全国道德模范"等殊荣。

（图片来源：https://m.baike.so.com/doc/5730180-5942919.html）

公允而言，没有秘方、没有创新，无须巨额投入，做"良心油条"实在没有技术难度，任何人只要心甘情愿去投入都可以做到。多站在别人立场上，替别人想想，己所不欲，勿施于人。

2. 四兄弟的信义店①

付启明、陈小平、付瑞华和邹茶林是多年朋友，2002年，四人合伙在江西省樟树市吴城乡开了家销售农药、化肥、种子的农资店。挂上"信义"店牌，四人还拟定了十八字的开店章程："诚信经营，卖放心农资；互信互助，做友好伙计。"吴城乡农作物种植面积广，高品质的种子、化肥、农药等农资用品

---

① 资料来源：http://www.wenming.cn/sbhr_pd/zghrb/cssx/201903/t20190329_5060336.shtml。

需求量大。大家清楚农资产品出问题的可怕后果，农民不是损失几百上千元，就是颗粒无收，甚至会倾家荡产。为确保商品质量，"信义"店进货只认国家传统正规供销渠道。

2006年春，供应商上门推销进口化肥，允诺每吨比正规渠道便宜100元。想到可以降低数万元成本，有人动了心。四人认真商议做出集体决议：新肥料效果没把握，自家店里不能进货。

诚信是生意兴隆的最大法宝。十几年来，付启明等人一直是乡亲们信得过的农资经销商，吴城乡及周边乡镇农户习惯了到信义店购买农资用品，经手5万多公斤良种、上千吨化肥、8万多箱农药……对出售商品的质量、数量还是效果等，信义店至今仍保持零投诉记录。

天底下合伙的生意最难做，合伙经营十多年的四人却没红过脸、吵过架，遇事总是有商有量、互相帮衬。靠着大伙真诚苦干，信义店开业当年净利润就超10万元。不错的生意、稳定的收益让几家人过上了平静安逸的日子。2015年、2017年付瑞华和邹茶林相继生病住院，农资店出借医药费，付启明、陈小平在小店和病房间来回奔波。"哪怕只剩下最后一个馒头，按照当初的约定也要分成四块，我们决不能抛下任何一个兄弟！"年终分红直至付瑞华和邹茶林过世也没有停止。

坚守开店章程16年，付启明、陈小平用一言一行诠释"信义"，四人共同努力服务身边乡亲，彼此互助抚慰了兄弟友情。他们守信践诺的感人事迹在当地被广泛传颂，先后荣获"诚实守信樟树好人"、樟树市"文明诚信经营户"等称号。

中国传统诚信价值规范具有鲜明的特点,诚信度依据血缘亲疏出现高低变化;在诚信价值规范的定位方面面临着"道义"的冲击甚至被所谓的"道义"决定;在诚信价值规范的作用机制方面体现出强烈的"重自律性""轻他律性"的特点,在传统社会中,"信念、良心等内部力量是一种自我要求与克制,完全是一种源于内心的自我约束"。我国传统诚信伦理的这些特征,一方面仍然具有相当大的存在价值,另一方面却急需加速"新陈代谢",探求与现代市场经济秩序相契合的"伦理转型"。①一次讲诚信易,次次讲诚信难,只有当讲诚信成为一个人发自内心的自觉行动时,讲诚信才能成为一种习惯,才能得以长期坚持。诚信重在实践,贵在积累和坚持,需要经受住各种考验,尤其是当你面对利益诱惑时,更得学会如何守信践诺。人无信,则人避之,孤家寡人,落到寸步难行;人有信,则人信之,四海朋友,人人愿意向你伸出手来。

(二)带着感恩来还债

人们常说现在借钱给人时开心顺气,让人还钱时担心受气。莎士比亚的《哈姆雷特》中也有相似的说法,彼此可以互相做个参照:"不要向别人借钱,向别人借钱将使你丢弃节俭的习惯。更不要借钱给别人,你不仅可能失去本金,也可能失去朋友。"

1. 替父还债守承诺 损失千万求心安②

30岁的唐永飞向父亲的债主们承诺:"父亲欠下的债,我来还!我还年轻,

---

① 王鑫. 人际交往诚信问题研究[D]. 上海:华东师范大学,2014.
② 资料来源:http://www.wenming.cn/sbhr_pd/zghrb/cssx/201901/t20190130_4991234.shtml.

不管欠了多少，我一定能还完。"2009年，因病去世的父亲留给唐永飞120多万元巨额债务，也留给他欠债还钱、绝不逃避的诚信脊梁。唐永飞创办的东羽羽绒公司因为经营得当，几年间替父亲还清了大半债务。

（图片来源：http://blog.sina.com.cn/s/blog_1584bcd7d0102yq62.html）

2013年4月，刚以每吨30.5万元价格签下276吨羽绒原料供货订单的唐永飞发现，突发的禽流感将企业和他推入了两难困境。羽绒原料每吨飙涨到63万元，他若以不可抗力为由拒绝交货，企业没损失还可以获赔8 000万元；他若按时以原价交货，企业却要承担1 770万元的巨额损失。唐永飞最终决定接受亏损，8 000万元改行是不错的价码，可他知道"即使我改行，但名改不了；改名，但根改不了"。商家纷纷用巨额订单对唐永飞的选择表达敬意，东羽羽绒当年盈利1 800多万元，2014年公司营业额继续上涨。

2019年迈向不惑之年的唐永飞已经还清父亲欠下的全部债务。"我能拥有今天这番事业，都是父老乡亲帮衬的结果。"唐永飞说，"越被别人关注，越要承担更多的社会责任，传播正能量。"10年间，唐永飞坚持帮助困难家庭和弱势群体，回馈社会，投入公益事业近300万元，为100多名困难人员提供具体帮助。他个人也多次获得多项荣誉称号以及各等级表彰，成为全国青年学习榜样。

失去父亲的哀伤，化为替父还债的心愿。唐永飞用年轻人的敢作敢当，用实际行动诠释了诚信责任重于泰山的道理。经商者都懂得"贪贾宜多反少，廉贾宜少反多"的道理，即贪婪的商人时刻盯着利益，占尽眼前便宜，当下看得到的多，长远看反得了小头，廉洁的商人不锱铢必较，眼下得到的少，坚持不懈反而获利更丰厚。造成这种差别的关键在哪呢？就是经商者的眼光与选择。廉洁的商人懂得抓大放小，贪婪的商人总想大小通吃。抓大放小是分享小利为持续性获利作铺垫，便宜占尽绝不分享，丰厚回报从何而来？商业中持续性获利需要长期、多次性交易，只有商家诚信经营，后续相关行为才可能继续，因此，商人应该着眼长远，想明白眼前利益与长久利益的关系，才能抗拒坑蒙拐骗获得的蝇头小利，接受为事业胜利选择"让利吃亏"。在长期的商业活动中，商人体悟到：获得买家的认可，才能维持长线效益，这是立足商界必不可少的条件，而这一点要求卖家秉承优秀商业道德，诚实守信，公平交易。唐永飞子承父债、承担市场亏损都是个人自觉的行为，在可以推卸债务、转嫁损失时，他主动选择"不食言以从利"，他在"非典"期间作出的决定意味着巨大的牺牲。

"对人以诚信，人不欺我"是人们渴望与诚信者为伴的真实写照；"对事以诚信，事无不成"则是互联网时代社会各界对诚信企业乐见其成的客观现实。

2. 退休创业不畏难　摆摊还债众人帮[①]

2017年，浙江丽水一栋老居民楼里，87岁的陈金英向上门的客人介绍羽

[①] 资料来源：http://www.zgcxjsgz.com/html/2017/cxmr_1228/9414.html；https://wxzixun.com/s/616478.

绒服，款式有点老，但绒好厚实，走线绣花等工艺也细致。

34年前，陈金英退休创业，专做中老年款的羽绒服，年利润上百万元。热心公益的陈金英多次向社会捐赠善款和羽绒服，获得丽水市"道德模范"等各种荣誉。近年产品滞销，工厂停工停产，2016年陈金英卖掉厂房和市区两套房子，还欠银行和民间贷款等100多万元。很多人建议她破产避免债务，陈金英说："我没想过申请破产，该还的债我会尽力还完，否则我心里不安。欠了人家的就要还，不能做老赖。"

陈金英的诚信精神感染了周边的人，大家将陈金英卖存货还债的故事上传到媒体和志愿者群。经媒体报道，许多人特意过来买衣服。一些顾客表示：陈金英摆摊卖存货给员工发薪水，卖厂卖房还欠账让人感动，过来挑几件表示支持。阿里基金听闻陈金英事迹，全面调动旗下线上线下资源帮她达成愿望。数百家电商即刻响应，积极推销陈金英的产品，一些商家直接将货在自己的店铺上售卖。热心人的购买提升了羽绒服的销量，陈金英乐观地预计年前出清存货，刚好还掉百多万欠账。陈金英说这样她踏实过完年，就该接着还民间借贷的利息。"本金我是全部还上了，但利息还没有还，有人劝我利息就不要还了，但白纸黑字在这里，我还是要还的，一辈子的好名声不能败在这事上。"

陈金英合上记着密密麻麻债主名字的账本，再还完30万元，账本完成使命，她就真正无债一身轻了。"钱生不带来死不带走，儿孙也自有儿孙福。"陈金英说，她热心公益、积极还款就为了"能让后代们觉得奶奶是个好人"。2018年4月，"诚信奶奶"陈金英荣获"全国十大守信人物"评比第一名。千金一诺，言而有信。陈金英说，感谢社会各界以及网友们对她的鼓励和信任，她还会继续努力，争取能尽快还清所有的债务。

（图片来源：http://dy.163.com/v2/article/detail/D61PFRHU0511LP1D.html）

传统诚信程度依据血缘亲疏出现高低变化，现代社会人口流动加速，人们的生活范围早跨出了亲属、熟人圈，普遍诚信成为必然。民间借贷还款与否依赖借款人的个人道德自律。当代社会经济高速发展，专业金融机构介入商业行动成为必然，个人诚信的他律性提升。陈金英羽绒服销售对象是社会广大中老年客户，除民间借贷，她还借有银行贷款，表明我国现阶段诚信观发展进入新时期，"熟人"诚信正被普遍诚信取代，合同契约意识增强，传统诚信观中重自律、轻他律的情况出现变化。传统诚信在利与益的关系上，强调二者的对立性，推崇让利取义，实现道德的超功利性。现代社会中诚信的缺失更彰显出陈金英坚守承诺的可贵。得道多助，媒体正向积极地向全社会报道陈金英不躲不赖、全力负责的事迹，素不相识的人以购买陈金英的羽绒服表达对诚信者的认同和尊重。阿里集团的迅速决策加快了社会对诚信者支持的信息反馈，网络放大了人们的良性情绪，对高效达成陈金英销售还款的目标起到了很好的带动作用。媒体在陈金英还款事件中发挥的影响力让现代诚信经济的义利一体性趋势呈现出来。

"产品即人品，经商即做人"，要想在市场中真正胜出，靠得住的不是歪门邪道，而是诚实守信。唯有诚实守信，商家才能经得起法律的检验与市场的考验；唯有诚实守信，商家才能赢得客户的信赖与同行的尊重，从而让生意越做越大。事实上，诚实守信就是最好的经营之道。

借钱时见人心，还钱时见人品。总结陈金英与唐永飞的诚信事迹，我们发现，社会主义诚信具有三个与传统诚信明显不同的特点：一是普遍诚信取代熟人诚信，诚信程度同血缘与利益没有密切关联；二是商业活动中合同契约的约束力显现，传统道德约束依然发挥作用；三是媒体正向传播对诚信者支持力巨大，为诚信者义利双赢提速。

（三）当代企业家的责任

中国人民大学周孝正教授指出，中国目前诚信缺失严重，主要原因是政务诚信行为、商务诚信行为和个人诚信行为三个层面不同程度地出了大问题。政务诚信直接关系到政府的形象，其社会效应最为明显。"上不信则无以使下，下不信则无以事上，信之为道大矣。"[①]国家如果没有建立诚信体系，社会必将多变，如果干部不诚信，那么百姓就会不满意，国家就不会安宁；如果朋友不诚信，那么就会心生怨恨，不能相互亲近；如果工匠不诚信，那么制造的产品就会粗劣作假。只有讲诚信，国家才能长治久安，社会才能井然有序，人民

---

① 出自［唐］吴兢的《贞观政要·诚信》。

让文明流行起来

才能安居乐业。

1. 张瑞敏：海尔电器，让世界懂得中国标准

荀子认为诚信可以促进经济发展、商业兴旺、国家繁荣，他说："商贾敦悫无诈，则商旅安，货财通，而国求给矣。"

1985年，35岁的张瑞敏在山东的新闻媒体中首次亮相，以挥锤的姿势被摄影画面永久定格。中国国家博物馆编号为国博收藏092号的珍藏品，就是张瑞敏以青岛电冰箱总厂负责人身份举起的那把铁锤。1985年12月底，张瑞敏举起它砸向不合格冰箱时，应该不会怀着借此登上世界企业家舞台的打算，甚至可能没有意识到这个举动的深远意义。这是中国企业首次向全社会、全世界发出质量宣言：中国企业向不合格家电宣战了！

1985年12月底，张瑞敏带领管理人员到仓库核查用户投诉的冰箱问题，400多台验讫的冰箱竟有76台存在问题，几乎每5台就有1台存在质量缺陷，劣质率近20%！张瑞敏怒不可遏，他把全厂800多名员工集中起来，指着贴有问题标签的冰箱，询问大家如何处理。一台冰箱出厂价800多元，零售价近千元，是普通城市居民家庭可望不可即的大宗财产，车间工人不吃不喝攒三年工资也买不来一台。

"我要是允许把这76台冰箱卖了，就等于允许你们明天再生产760台这样的冰箱。放行这些有缺陷的产品，就谈不上质量意识。"张瑞敏说出自己的理由，大家还没有回过神来，"这些不合格冰箱全部砸掉！"惊雷连连，这些可是国家资产，砸毁它们，那不就是败家子吗？

"只有砸得心里流血，才能长点记性！我砸这些不合格的冰箱开个头，

剩下那些不合格的冰箱,谁生产的谁来砸。"众目睽睽之下,很多老员工含羞带愧、忍住眼泪亲手砸掉了自己生产的冰箱。这一幕多年后重现于吴天明导演的作品《首席执行官》中,在这部以张瑞敏砸冰箱为题材的电影中,吴天明导演用影像手段还原了张瑞敏的质量追责宣言:"过去大家没有质量意识,所以出了这起质量事故,这是我的责任。我这月工资全部扣掉,一分不拿。今后再出现质量问题就是你们的责任,谁出质量问题就扣谁的工资。"

张瑞敏现场实锤教导海尔员工,新厂长不会接受"合格品、二等品、三等品还有等外品"的荒唐概念,有缺陷的产品就是废品。打铁趁热,张瑞敏在全厂开展"如何从我做起,提高产品质量"的讨论,30天学习让员工感悟到要"用心做冰箱,再也不出错了"。他还带领海尔人将讨论成果与现代企业管理结合,制定出一整套质量管理制度和监督管理体系。"海尔铁锤"砸醒了海尔员工麻木的商品质量意识,为家电行业树立了一个典范,更为消费者的放心购物奠定了基础。

1986年,海尔一面引进德国生产技术,扩建新厂房加大产量应对中国家电市场的爆炸式增长,一面未雨绸缪,组织全厂开展了"假如两年后市场疲软,冰箱销不动怎么办"的大讨论,提出"海尔绝不能盲目扩张,必须在保证质量的前提下扩张";同时提出"优秀的产品是优秀的人干出来的",以不断强化员工的质量意识。这一年,海尔冰箱实现销售额8 000万元。三年以后在全国冰箱质量评比中,海尔人捧回了中国冰箱史上第一个国家金奖。1999年9月28日,张瑞敏在上海《财富》论坛上说:"这把大锤对海尔今天走向世界,是立了大功的。"

如今，海尔集团的掌舵人张瑞敏进入"全球50位最受尊敬的商业领袖"行列，海尔集团成长为世界第4大白色家电制造商，海尔冰箱更是世界冰箱行业销量冠军。2018年海尔集团全球营业额达到2 661亿元！在中国品牌价值100强中，海尔蝉联榜首，在世界品牌500强中排名第41位。海尔品牌的核心价值"真诚到永远"达到2 092.08亿元。海尔人承诺的基础，或者说海尔人承诺的底气来自何处？就是品牌数十年如一日的产品质量。

吴晓波长期追踪中国市场竞争环境下企业的衰亡，他认为企业在市场运行中背离诚实守信的道德铁律，是造成改革之初名噪一时的瀛海威、巨人、三株、太阳神、科隆等明星企业破产的根本原因。

2．王健林：十亿赔款，企业家的社会责任

"我在当年总结会上讲过，我们这个事例，比海尔砸冰箱的那个事例伟大多了，砸二十几台冰箱才几个钱啊，我们砸了350多个商铺，砸了6亿多，这个而且赔的不是6亿多，赔的是10亿多……"2016年万达集团董事长王健林这段讲话在网络被热传，攀扯海尔昔日砸冰箱旧事来标榜自己"伟大"的言语引发自媒体持续批评，带来大批网友围观和吐槽。

（图片来源：http://plus.baike.com/articles/558017.html）

2006年，王健林在沈阳太原街万达广场项目中赔了10亿多元，就数量而言，万达集团的损失额度的确令多年前海尔难以望其项背。

张瑞敏为何要砸冰箱？海尔人回答："因为，质量是命。"王健林为什么赔上10亿多元砸商铺？王健林对外的回答是："作为一个讲诚信的企业，就不能不管老百姓的死活，不管业主的风险。"对内部员工，王健林说得更有力："如果我们想把商业地产作为核心竞争力来培养，如果我们想长期做这一行，如果我们想把万达商业地产拿到著名大学去讲案例，就不能不把沈阳问题解决。"

1998年，海尔集团作为首个中国企业实践成果被纳入哈佛商学院案例库，开创了国内现代管理为世界认可的先例。随后20年，海尔集团又提供了两个成功案例作为著名大学的案例。哈佛商学院以案例教学法闻名，全球顶级商学院的教学案例中至少有80%来自它，学院教授的9 000余个案例全部经过全球范围内的精挑细选。在如此严苛的门槛下，入选的中国企业案例不足80个，海尔三入哈佛课堂当然足以成为中国内地企业的学习标杆。

诺贝尔奖获得者阿尔伯特·施魏策尔感慨："示范，并非众多影响别人的方法之一，而是唯一的方法。"作为领导者，影响他人的能力至关重要，创造优异业绩的能力固然让人们瞩目，然而诚实守信的个人品质是赢得同事和上司尊重，受到下属尊敬追随的法宝。

王健林确实看重海尔，深入研究过海尔的成长史，甚至潜意识中将海尔当作万达追赶的目标。和愤愤然的王健林相比，与网络上不客气回怼王健林的自媒体相比，张瑞敏的反应就平和理智多了。砸冰箱事件若干年后，张瑞敏在某著名大学演讲时曾提及时代发展对企业管理,特别是诚实守信成本管理带来的巨大挑战,他直言不讳地承认:"现在想砸也不可能了,如果再出质量问题,就不会这么少,当时只有几十台,现在动辄就是几万台。海尔已经从当年的'砸冰箱'发展为如今的'砸仓库'了。"

拨开喧嚣,我们细心审视,海尔砸冰箱,不是钱的事,是态度!万达砸商铺,同样不是钱的事,是信誉!在商场中,有人以"诈"生财,有人以"信"致富,在"信"与"诈"之间,王健林和张瑞敏,作为企业管理者,英雄所见略同,彼此都通过"砸毁"来解释企业对诚信的承诺。诚信是一个企业兴旺发达的基础,只有恪守诚信,才能得到顾客的信赖,从而赢得市场;只有不失信于员工,员工才会对企业忠心,才会与企业共进退。

诚信是一个企业的精神支持,是企业生存和发展的根本。讲信誉,以诚为本,才能创造良好的企业信誉,赢得社会的认可,才能在激烈的竞争中永远立于不败之地。

(四)失信非小事

人们进入不同行业领域,选择一个职位安身立命,以职业身份参与社会交往时必须遵守职业道德规范。诚信是维系不同职业、职业内部以及与职业服务对象之间信任关系的基石。人依赖群体生存,撒谎和失信是对群体建设的挑衅,必然遭受群体规则的反弹,甚至反噬。一句谎言,可能足以颠覆自己在他人心中的印象;一次失信于人,结果也许得不偿失。

1. 伪专家流星滑落　假学霸人设崩塌

科学具有令人信任的纠错功能，任何欺骗和捏造，只会令自己蒙羞。

2014年年初，日本再生医学界学术新星小保方晴子，在世界顶尖科研杂志《自然》上发表了两篇科研成果，喝彩声未落，网上出现了质疑声。2月中旬，日本国立自然科学综合研究机构理化学研究所宣布：将对31岁的小保方晴子展开工作审查。随后《自然》方面也宣布对其论文展开调查工作。4月初，理化学研究所调查委员会认定小保方晴子存在学术不端。7月《自然》宣布撤销小保方晴子的论文，早稻田大学宣布撤销小保方晴子的博士学位。

（图片来源：http://news.mydrivers.com/1/358/358063.htm）

造假事件发生半年后，日本再生医学领域世界顶级学者、小保方晴子在理化学研究所的导师笹井芳树博士上吊自杀，年仅52岁。尽管对笹井自杀表示惋惜，日本学界对职业诚信的要求并未松动，科学家们对笹井的选择表示接受和尊重，大家的共识是：笹井自身不存在学术不端行为，但身为投稿论文的实质性指导者，未对数据的正当正确性进行确认，是严重的失职行为。理化学研究所宣布对若山照彦教授等相关人员的不作为行为,给予停止上班、严重警告等处分。

如此严厉的处罚,日本学术界的不端和造假曝料依然不断。2014年年底,东京大学33篇论文被曝捏造数据;2015年,熊本大学曝出9篇论文造假;2016年筑波大学被曝出教授2篇论文造假;2017年东京大学著名细胞生物学家渡边嘉典的5篇论文被曝造假……

2018—2019年农历跨年,娱乐圈以翟某某"学霸人设崩塌"引发全社会对诚信缺失的大讨论。源自动漫的"人设"一词是对故事人物状态的一种标签化描述,包括外貌、性格、过往经历、现在状况、未来目标等信息。信息时代,"人设"标签简化了人物信息,提升了大众记忆和识别人物的效率。演员扮演角色可以合理想象,需要接受假定性,回归生活则要诚实地面对自己。诚实是一个人活出尊严的最基本要求,失信是道德水准低下、品行不端且没有出息的人之所为。林肯曾告诫人们:"你可以在一段时间里欺骗所有人,也可以永远欺骗一部分人,但你无法永远欺骗所有人。"在互联网时代,这句话更加毋庸置疑。缺少学术研究基本训练常识的翟某某居然完成了博士研究,这种匪夷所思的情形如何能解除公众对博士论文研究过程的质疑?如何能阻止公众对其人品的质疑?翟某某立学霸"人设"并非只为担个虚名,而是为了获得演艺行业中垄断性竞争优势,古人说行为不守信用的人名声必然败坏,被"实锤"爆料后"人设"崩塌打乱了翟某某的工作节奏。如今,他不得不面对造假失信带来的各种处罚:失去了博士学位,参与的多档综艺节目被取消、多部影视作品被撤档或被延播,广告代言全线告停……演员翟某某,或许忘记了曾在日本度过的少年时光，一起遗忘的还有日本社会对造假失信者的绝不容情。投机者遭惩罚，失信者被遗弃。

2. 时光酿出好酱油　工艺铸就美誉度

2018年，江苏省消费者权益保护委员会抽检市场在售酱油，结果120个样品中29个不达标，一些大品牌酱油也存在各种隐患。这次抽检，除去包装、标识、成分说明等非食用部分不合格，酱油自身品质问题也不小，最突出的问题是不当使用调味液和增鲜剂：120个样品中86个检出了增鲜剂，占比超过70%！一个酱油制造工艺传承了3 000年的国家，为什么正规销售渠道中还会充斥着这么多不达标酱油？

调味液和增鲜剂是现代化学合成制剂，少量添加可以调整酱油口味，明显提升产品"鲜"度，但医学实验已经证实它们对人体健康有危害，国家明令禁止在食品中添加这些合成制剂。中国传统酱油的"鲜"味没有加入任何现代合成制剂，古人都是怎么炼得"鲜"味呢？天子或皇帝御用的"酱"和百姓日常的"酱油"，原料不同，工艺大体一样，天子的酱以动物的肉类为材料[①]，百姓的酱油以黄豆为材料。经过汉唐数代人的发展，制酱工艺在南宋臻于完善。古人对酱油酿造极其用心：将黄豆碾碎，加入酒糟拌匀，经过多日曝晒，等到独特的成熟气味飘出，酱油的制作才算告一段落。

酱油在清代成为百姓调味必备品，颜色和味道关系着多数中国菜的底色和

---

① 我们现在所食用的鱼露，是以小鱼虾为原料，经腌渍、发酵、熬炼后得到的一种味道极为鲜美的汁液，色泽呈琥珀色，颇似天子使用的肉酱油。

底味，品质优劣决定了菜肴的档次高下。受到制作工艺和生产模式制约，酱油产量一直难以满足老百姓的需求，尽管各地酱园林立，所出酱油能与程德馨三伏酱油媲美者竟是寥寥。程德馨酱园数十年间均为徽州业务最大的酱园，生意十分红火。为保持酱油特制工艺和口感，程德馨三伏酱油年产量亦只能保持在200大缸上下。三伏酱油头年做豆酱（成酱），二年出酱油（得油），三年得鲜味（醇化）。经过"千个昼夜的孕育转化，百个伏天的曝晒夜露"，程德馨三伏酱油红亮不浑浊，清透诱人的颜色全靠漫长夏日的曝晒成就，焦糖提色的速成酱油在颜色上怎能和它媲美？在风味口感和馨香气息上，几个小时勾兑出的化学合成酱油，怎能与纯酿造酱油相提并论？

具有350年历史、产品行销全球100多个国家和地区、占全球酱油市场约50%的日本龟甲万酱油，至今沿用家族17世纪的酿造古法，坚持尊重自然的秩序，充分信赖时光的价值。他们深入研究酿造过程的每一个环节、酿造原料的每一种成分，不断优化各种变量组合，将酿造过程每一步都精确调控到最佳状态。经过多年探索，科研人员确认，至少得经过半年发酵，酿造酱油才有望达到龟甲万酱油的品质要求。公司曾公开自己在市场不败的秘诀：对最优、最稳定、最可靠的产品质量永不言弃。

社会主义诚信观要适应社会主义现代化建设的需要，适应现代市场经济的要求，因此我们必须赋予其新的时代内涵。现代科技的飞速发展，获取知识的途径日益多样化，很多人似乎知晓诚信的含义，但是如果仅仅"知"却未能行，则不能算是真正的知，真知在于真行。

三、言行举止有规矩　制度监管知敬畏

诚信是一切人与人、国家与人民、国家与国家相处的基本底线。发掘优秀的传统诚信价值规范，继承传统价值规范中重自律的诚信交往模式，必须对人的诚实德性加以培养。社会主义建设时期，每个公民都具有多重社会身份，承担不同社会责任，因此实现公民诚信建设涉及多个相对独立又彼此关联的层面，个人诚信是基础，社会诚信是保障，政府诚信是主体。公民的诚信建设，可分为三个层面：公民个人诚信重点在个人家庭，要不断完善自我，加强个人修养，提升个人品格；重视良好家风建设，构建良好社会氛围；通过了解诚信制度及相关技术保障，自觉规范个人言行，杜绝侥幸心理。

（一）从身边小事做起

"自古驱民在诚信，一言为重百金轻。"知晓诚信的内容和标准有助于我们自觉地参照与执行。

1. 宋濂自律守真心

宋濂曾任朱元璋的随从秘书，为人诚实恭谦。朱元璋派人盯梢宋濂私下的言行，再假意问询，宋濂都如实作答，毫不遮掩。刑部主事茹太素上万言书，惹恼朱元璋，大臣们跟随皇上的意思，只有宋濂直言说茹太素尽忠，不宜深责，以开言路。朱元璋对宋濂荣宠有加，曾对大臣们说："宋濂事朕十

九年，不曾说一句假话，也不曾揭一人之短，始终无二，他的品德高于君子，可算贤人。"

俗话说"习惯成自然"，宋濂的言行，用王安石的"夫君子之不骄，虽暗室不敢自慢"来注释最好。宋濂时时处处用最高道德标准约束自己，绝无大庭广众之下道貌岸然、背地无人之处胡作非为的行径，方能获得朱元璋如此高的评价。

2. 曾国藩"诚"为家训

晚清曾国藩对"诚"的领悟和实践对我们颇有启发意味。六次科考失利，曾国藩对考官等人有些抱怨，但他自我检讨，意识到不满、埋怨他人无益，不努力上进，结局必然是"潦倒一生而无寸进也"。曾国藩名利心切，入京后出入宴游场所逗趣阿谀，事毕他及时反省，自责言行不当，有失士人品格。曾国藩在家书中深刻地剖析自己行事失当的原因：人若不能坦诚面对自己，思考时就难免自我欺蒙，无法看清真相，行事时也容易自以为是，把责任向外推。人若不能坦诚面对他人，则会把握不好待人分寸，行事上伪装自己，自降品格。故曾国藩以"诚"为家训，告诫曾家后人：待人须诚，真心相向；处事须诚，不能自欺，不能欺人。

人人皆是社会一员，拥有各种社会身份，也有着与之相配的道德规定和规范要求，"诚信"之德要求面对各种复杂的社会关系，都能做到言行一致。对个人而言，诚信就是把握好分寸，对什么能做什么不能做有清晰的判断，做不到或不能做的事情决不应许；一旦应许就竭尽全力，说到做到；答应别人因情况有变要及时与人沟通，寻找最合理的解决办法。

（二）良好家风添助力

家风是在家庭里可以世代相传的生活作风和价值准则，作为一种道德标准，具有强大的感染力，对家庭成员引导作用极大。中国人自古便十分重视家庭在细节道德教育中的作用。家中父母道德素养较高并能身体力行，对良好家风的形成和传承影响深远。

1. 陈省华教子：细节教导好家风

北宋时期，左谏议陈省华以家教严格、为官清廉闻名朝野。他的三儿子翰林陈尧咨爱马，有一次买到一匹烈马，这匹马踢伤了很多人，驯马师也束手无策。[①]一天早晨，陈省华到马厩没看见烈马，马夫说三少爷昨天把它卖给商人拉货去了。陈省华追问："三少爷告诉那人这是匹烈马了吗？""老爷，要是知道这匹马又咬人又踢人，商人还敢买它吗？"陈省华唤来陈尧咨，他正为卖了个好价格得意。"你身为朝廷官员，怎么能欺瞒他人？你为什么不告诉人家这是匹烈马？"陈尧咨反击："他看中了愿意买，又没问我这匹马如何？我没强卖，我骗他什么了？"陈省华叹气："驯马师都没有办法，商人哪驾驭得了？你这是把祸害转嫁给别人啊！"陈尧咨听后羞愧地找到商人道歉，退还了钱财，自己把马牵回家。那匹马到死一直养在陈家马厩，再未送出去。

陈省华注重子女品行，将教育贯穿在家庭日常生活中。他通过儿子出售劣马事件教导儿子与人交往要诚实忠厚，做人不要愚弄他人，更不能欺骗别人，做事不能只顾自己，置他人利益于不顾。儿子也是懂理受教之人，听取了父亲

---

① 资料来源：https://mp.weixin.qq.com/s/VCcjlYYEVM-VbH-6XOMvHg.

的教诲，意识到出售劣马行为欠妥，以行动纠正了自己的错误。陈省华的言传身教让陈家的良好家风得以传承，一家子和和美美，陈尧咨三兄弟终成大器。司马光十分推崇陈家家风，称赞说天下皆以陈公教子为法，以陈氏世家为荣。

2. 曾子杀猪[①]：教妻亦教子

曾子妻上街，小儿哭闹要跟去，母亲说："别闹，我回来杀猪给你吃。"她回家看到，曾子在院子里杀猪，上前拦阻："我那是哄孩子随便说说啊。"曾子说："不能这样和小孩开玩笑啊！小孩子不懂事，需要听从父母的教导。你现在哄骗孩子，他会照样去哄骗别人。母亲欺骗孩子，这不是教导孩子成为正人君子的方法。"曾子说着就杀了猪，然后把肉煮给孩子吃。

父母是家庭的核心，言行对子女将来的成长起很大的作用，其身教又远重于言教。作为子女的启蒙老师，"教，上所施，下所效也"，父母要以身作则，不能对孩子言而无信，说到却不做到。杀猪使眼前利益受损，但曾子用行动兑现"无意"的承诺是教子又教妻，做人要言而有信，做家长更要给孩子做榜样。

3. 元方卖房：襟怀坦荡有尊严

生活由大量细节组成，处理好这些细节，诚实守信方能落到实处。唐朝官员陆元方（639—701）因家道衰落欲转让自建的锦绣园，商人闻讯前来商购。陆元方直言卖房理由，按成本折七成出价。商人大喜，交付定金，约定三日后正式交易。放定后商人听人说锦绣园贱价出售别有隐情，忙到锦绣园实地勘察，没发现任何问题。成交之日，陆元方得知对方欲在此开酒楼，出言提醒："宅

[①] 出自《韩非子·外储说左上》。

院没有排水口，一下雨，院子里会积存许多雨水，开酒楼怕会不方便。"商人终止交易。侄儿埋怨他实话实说，陆元方严肃地回答："我不说那就是欺骗对方。人生在世，怎么可以为钱骗人？"侄儿还在埋怨烦恼，商人却返回，改开绸缎庄。商人说陆元方的诚信，使他坚信宅院不会再有其他缺陷，值得在此投资。陆元方诚信卖宅美名传扬，皇帝听闻此事有所触动，重用了陆元方。

陆氏家族迎来再次复兴，侄儿们得到更多的发展机会，真切地体悟到良好的家庭家族形象仰赖于严守诚信，处处体现诚信。

诚实守信易说难行，唯其如此，践行诚信始终是人际交往、经商从业乃至于治国理政中的道德规范和价值追求。《论语》云："人而无信，不知其可也。大车无輗，小车无軏，其何以行之哉？"一个不讲诚信的人，就像缺少销钉衔接的车子一样干不成事。长辈的道德素养较高并能身体力行和言传身教，对良好家风的形成和传承价值巨大。

传统社会大家族的家庭结构在现代社会瓦解，演变为相对独立的三口之家，但家庭中辈际关系和基本伦理规范依然存在。家庭承担诚信文化的教育职责，父母接受和认同诚信观念，有利于家庭成员间形成和谐向上的精神面貌，也有利于家庭成员快速融入社会，积极推动社会诚信建设。

良好家风塑造个人美德，也为良好社会风气提供优秀人才。良好家风建设需要在家庭亲子关系、夫妻关系和对外交往关系上表现出严守诚信。

（三）社会监督无死角

"建立覆盖全社会的征信系统。对突出的诚信缺失问题，既要抓紧建立覆盖全社会的征信系统，又要完善守法诚信褒奖机制和违法失信惩戒机制，使人不敢失信、不能失信。对见利忘义、制假售假的违法行为，要加大执法力度，让败德违法者受到惩治、付出代价。"习近平这段讲话为新时期如何保护诚信者、惩戒失信者提出了最好路径。

1. 人人都来做判官

年龄大小与个人利益关联密切，年龄造假现象历朝皆有，管理者尝试多种方式进行预防、审查和打击。随着互联网普及，公民了解公共信息渠道拓宽，因此近年来各地干部档案造假和伪造个人信息事件频频曝光。2011年被判刑的"骗官书记"——共青团石家庄市委原副书记王亚丽，是最早通过网络爆料引发公众关注的造假骗官者。通过网友不断挖掘，发现这位曾经的市优秀后备干部、最年轻的市政协常委、市"十佳女杰"，档案中除性别"女"为真，余者均系假造。公众看到的王亚丽公开简历：1978年12月24日出生，1990年成为河北省军区后勤部战士，1990年到1995年在中国人民解放军某医院做药剂师；后成为正定县武装部干部。而网络上多位相关当事人爆料，1969年出生的王亚丽本名丁增欣，初中辍学，结识当地富商王破盘后，通过伪造档案走上了仕途。2018年7月重庆市纪委监委查实，重庆安全技术职业学院原党委副书记、院长杜晓阳违反组织纪律，不如实报告个人有关事项，借向主管单位移送个人档案之机，篡改、伪造个人档案资料32处①，网上也在事前有过对杜晓阳的质疑之声。

和传统的人员管理不同，公务员信息纳入网络监督之下，公民人人都成为

---

① 资料来源：https://globalnews.qq.com/article/20180831A0RU9I00.

诚信判官，弄虚作假难度愈来愈大，客观信息造假还奢望不被发现已成为不可能的事，因此，老实不欺在网络时代不仅是道德要求，也成为客观必须。

2. 制度与技术结合

面对各种利益与诱惑，能否守住底线，考验的不仅是修养，也是做人做事的根本原则。坚守诚信需要自律，也不能缺少"他律"。《管子》指出："好恶形于心，百姓化于下，罚未行而民畏恐，赏未加而民劝勉，诚信之所期也。"即是说，诚信教育的目的是要使君主的心里树立好恶意识，使百姓在未施赏罚之前就受感化而形成劝勉和畏惧的良好风尚。面对高速发展带来的各种失信失范，古代政治家倡导的这种个人自律已经无法实现有效控制，我们应该加强对违德行为的惩戒。

现代新兴行业有自身特点，比如电商环境缺乏传统商业环境的实体特性，参照历史经验，政府管理部门应从源头抓起，牢牢把控对企业产品质量、企业信誉、企业信息内容等方面的诚信资审，未通过审查的企业禁止进入互联网市场；网管部门要加强电商企业诚信资质监督、奖惩评估，发放企业诚信认证书，公示诚信缺失的企业名单，拒绝其网上注册，从根源上杜绝企业发生失信行为。

网速提升和网络覆盖面不断加大，加速了我国社会信用体系建设步伐，公民出行、金融、消费等各类信息已纳入监管体系。至2019年4月底，国务院、国家发改委牵头，与各部委联合协作，共签署51个联合奖惩合作备忘录，其中，联合惩戒备忘录43个，联合激励备忘录5个，既包括联合激励又包括联合惩戒的备忘录3个。根据各领域联合奖惩备忘录规定，相关部门认定并向全国信用信息共享平台推送守信红名单和失信黑名单信息。[①]"一处失信，处处受限"的联合惩戒格局基本构筑完成。一些严重失信人员公共交通出行受到制约，2019年5月火车限乘人员新增411人，民用航空器限乘人员新增1 011人。

社会信用体系建设的具体举措陆续出台，个人信用体系的法制化道路越来越清晰。"少数人靠觉悟，多数人靠制度"，制度护航的信用体系必能真正遏制"守信无用、耍赖获利"的现象，使公民更加主动地做到行必信，信必果。

四、结语

诚信如同一轮金色朗朗的圆月，唯有与高处的皎洁对视，才能沉淀出对生命的真正态度；诚信是高山之巅的水，能够洗尽浮华，洗尽躁动，留下启悟心灵的妙语。让我们一起行动起来，共同营造文明诚信氛围，做一个诚信对人、诚信对己、事事讲诚信的好公民。

[①] 资料来源：https://mp.weixin.qq.com/s/kZLXzS4a-mCUTz_JMPTMg.

第四章
潜心敬业创佳绩
无私奉献写春秋

敬业奉献是一种人生态度，从心出发，付诸行动，成就了人格的闪光之处。敬业奉献自古以来就是中华民族的传统美德，当今倡导的社会主义核心价值观将爱岗敬业纳入其中，这充分说明无论在哪个时代，敬业奉献都是个人及社会不可或缺的价值取向和精神规范。

一、无我境界　夙夜在公

人生的最高境界是一种忘我、无私奉献的精神。在现实生活中，有许许多多敬业奉献的人，这些人把对社会的奉献和付出看作无上的光荣，力求干一行爱一行专一行，把毕生的精力奉献给社会，在平凡的岗位中作出了不平凡的业绩。

（一）无我之境

1. 执事敬，事思敬

《论语·子路篇》在诠释"仁"的意思时谈道要"居处恭，执事敬，与人忠"，《论语·季氏篇》中指出要"事思敬"，都是强调人要懂得敬业，每一份事业都需要全心全意，全情投入。

《庄子·齐物论》中有句话："非彼无我，非我无所取。"心为物役就会迷失自我，心有杂念就会患得患失。"无我"是一种勇毅信念。无我忘我的境界往往因为有宏远的目标、伟大的理想、完美的追求，而实现这些宏远的目标、伟大的理想、完美的追求，也需要无我忘我的境界。心中有国家、心中有人民，自然就没有"小我"的位置，于是也就能不言私利、恪尽职守、夙夜在公。

新时代"敬业奉献"作为社会主义核心价值观之一，它是对我国公民职业道德的核心要求，体现的是个体对其工作、职责和事业的态度和信念。敬业奉献包含着对职业价值和理念意义的认同、热爱职业的情感、积极主动的态度、兢兢业业的行动以及无私奉献的精神。敬业奉献不仅是指从业的态度和一种职业伦理和职业道德,更具有十分广泛的价值意蕴。

"敬业奉献"就是基于热爱和信仰之上,对工作、对事业,对每一个任务,直至每一个细节,都能够全神贯注、全力以赴、全身心忘我地投入的精神境界。敬业的本质就是奉献的精神。具体说来,敬业奉献精神就是在职业活动领域,树立主人翁责任感、使命感、事业心,追求崇高的职业理想,形成勤奋认真、踏实肯干、恪尽职守、精益求精的工作态度,力求干一行爱一行,专一行乐一行,努力成为本行业的行家里手,摆脱单纯追求个人和小群体利益的狭隘眼界,具有积极主动、向上进取的信念态度和长期坚持不懈地进行艰苦奋斗的职业精神,保持高昂的工作热忱和踏实务实、吃苦耐劳的苦干精神,把对社会、对他人的奉献和付出看作无上荣耀,自觉辨明和抵制负面腐朽思想的干扰和侵蚀,以正确的世界观、人生观和价值观自我引导、投入和表达与职业相关的人生行为。

2. 居之无倦,行之以忠

"居之无倦,行之以忠",告诫我们对待自己的工作要永不懈怠,始终保持夙夜在公、夜以继日、乐此不疲的敬业精神,始终保持尽心竭力、孜孜不倦、勤勤恳恳的工作劲头。只有拥有绝对忠诚的道德品行,才能真正兼济天下,造福苍生;只有"衣带渐宽""上下求索",才能成就伟大的事业和卓越的目标。

让文明流行起来

顾方舟——一生只为一件事

中国"病毒学之父",曾任中国医学科学院北京协和医学院校长的顾方舟,1958年在当时恶劣和简陋的条件下,在中国首次分离出"脊灰"病毒,制出当时全中国第一瓶脊髓灰质炎疫苗。但如果进行人体临床试验,对于当时的中国来说几乎就是不可能的任务,也是当时美国教授Sabin的减活疫苗卡住做不下去遇到的最大困难。

顾方舟自己率先喝下了还不明确的疫苗,用生命为全中国的孩子们拼命。一旦疫苗失效,等待顾方舟的只有两条路:一条是终身瘫痪,另一条是死亡。接着为了证实疫苗在孩子身上的疗效,他又在自己的孩子身上做起了试验,给自己的孩子吃了全中国第一批的脊灰疫苗。他不仅牺牲了自己,还牺牲了孩子,对于一个刚刚做父亲的人来说,这比割肉还要心疼。中国脊灰疫苗Ⅰ期人体试验就是在顾方舟和同事们以及他们的孩子身上进行的。这些初为人父母的年轻人,用一种看似残酷的执着,表达着对国家、对人民、对科学的爱。这是科学史上值得记载的壮举,也是中华人民共和国成立后的辉煌史诗中浓墨重彩的一笔。

此后,顾方舟继续从事着脊髓灰质炎的研究。1990年,全国消灭脊髓灰质炎规划开始实施,此后几年病例数逐年快速下降,自1994年9月在湖北襄阳县(今为襄阳区)发生最后一例患者后,至今没有发现由本土野病毒引起的脊髓灰质炎病例。2000年,"中国消灭脊髓灰质炎证实报告签字仪式"在卫生部举行,已经74岁的顾方舟作为代表,签下了自己的名字。这位为脊髓灰质炎的防治工作奉献了一生的老人，得到了全国人民的尊重和赞美。

顾方舟为了全中国孩子能够战胜小儿麻痹症，为了制出成功的疫苗，不惜牺牲自己甚至自己的孩子的健康和生命，以命搏之，就是"居之无倦，行之以忠"的最好诠释。

3. 忘小我，成大我

《庄子·逍遥游》也说过："至人无己"。"无己"就是"无我"，这是庄子心目中圣人的境界。"我将无我，不负人民。我愿意做到一个'无我'的状态，为中国的发展奉献自己。"[①]习近平总书记对"无我"一词的化用，可以说是古为今用，推陈出新。习近平总书记说的"无我"的内涵就是"我"这个"个人"和国家集体之间的关系，"我"这个"个人"和他人的关系。在《中国共产党章程》的总纲规定："我们党除了工人阶级和最广大人民群众的利益，没有自己特殊的利益。"前一个利益可以说是"公"，而后一种特殊的利益就是"私"，是"我"，个人没有自己特殊的利益，说的就是"大公无私"，无私奉献，也就是"无我"。

在漫长的奋斗历程中，面临血与火的考验，共产党人一直用实际行动坚持为人民服务的宗旨。夏明翰等先烈们怀着"主义真"的追求，可以不惧生命安危；陈毅等老一辈革命家在"断头"的紧要关头也坦然吟唱"意如何"；毛泽东则是用"无非一念救苍生"，生动展现了共产党人干革命那种"牺牲自我、服务人民"的大无畏精神。

习近平总书记"我将无我，不负人民"的博大情怀，体现出大国领袖为中

---

① 选自习近平总书记2019年3月22日访问意大利众议院时的讲话。

国人民谋幸福、为中华民族谋复兴，甘于奉献、勇于担当、矢志不渝的思想境界和责任担当。

（二）崇高使命

一个国家一个民族不能没有灵魂，一个人的存在也绝不能失去使命感和崇高信仰。中华民族的传统基因中历来就具有浓厚的家国情怀和强烈的社会责任感、使命感，这些使命和责任信仰就是中华民族的灵魂所在。敬业奉献就是每一位中华儿女的崇高使命。

中国传统文化里本就蕴含着敬业奉献的核心信念。"业精于勤荒于嬉""天道酬勤""克勤于邦、克俭于家""功崇惟志、业广惟勤"等传统文化中的价值理念，凝聚了兢兢业业、勤勉敬业、忠于职守的精神。敬，原是中国传统儒家哲学的一个基本范畴，孔子主张人的一生要做到勤奋刻苦，为事业恪尽职守、尽心尽力，他提出："居处恭，执事敬，与人忠。虽之夷狄，不可弃也。"

"修身齐家治国平天下""为天地立心、为生民立命、为往圣继绝学、为万世开太平""先天下之忧而忧，后天下之乐而乐""天下兴亡，匹夫有责"……这些思想为一代又一代中华儿女所尊崇和用生命热血去践行。一切有理想、有抱负、有志向的中华儿女都应该立时代之潮头、通古今之变化、发思想之先声，积极主动爱岗敬业，无私奉献，担负起历史赋予的光荣使命；都需要有"士不可不弘毅，任重而道远"的心理和思想准备。

作为人类美好道德情操体现的敬业奉献精神被作为一种道德的自我约束，同时，也成为核心道德价值在社会层面的体现。传统社会的各个阶层都非常重视"敬业"的品质，认为"凡百事之成也，必在敬之；其败也，必在慢之"（《荀子·议兵》）。《礼记·学记》中云："一年视离经辨志，三年视敬业乐群。"意思是说学生入学三年后，要考察他是否专注于学业，能否与同学和睦相处。可见，"敬业"一词最早指专心致志于学业。后来，"敬业"逐渐演变为对事业和工作认真负责的专注态度。

新时代，敬业奉献作为一种世界观、人生观和价值观，应该是我国公民最基本的职业道德要求。在全社会积极倡导和发扬敬业精神，大力培育和践行社会主义核心价值观的今天，我们对于敬业奉献的价值意蕴一定要有深刻的理解，要以热爱、敬畏的职业态度对待自己的工作，以爱岗敬业、认真负责、精益求精、恪尽职守等敬业理念严格要求自己，在工作中努力践行好敬业价值观这一崇高的职业美德。

古语云："知之者不如好之者，好之者不如乐之者。"对于本职工作的热爱会唤起人们极高的职业热情和工作积极性，激励人们在工作中乐观奋进，可以说热爱本职工作是使人们能够在职场中保持敬业品质的不竭动力。高尔基曾说："天才是由于对事业的热爱感而发展起来的，可以说，天才就其本质而论，只不过是对事业、对工作过程的热爱而已。"

敬业奉献是履职担责的职业操守。爱默生所言："责任是一种伟大的品格，它具有至高无上的价值，而在所有的价值中它所处的地位最高。"敬业奉献是人们对于责任与使命的一种追求。正如马丁·路德·金所说："一个清洁工同样可以像著名音乐家、绘画家、作家一样伟大，以他出色的工作成果收获到整个世界的尊敬与赞美。"从业者以高度的责任感，对工作中自己的所作所为敢于负责、乐于负责的职业态度与行为是敬业奉献在其职业生涯中的最好诠释。

敬业奉献是精益求精的执事态度。要做好敬业，乐业是基础，精业是目的。古人云："如切如磋，如琢如磨，方可精益求精。"事业的成功往往源于人们对于"精"的追求，精益求精关乎其发展，决定其成败。"书痴者文必工，艺痴者技必良。"成功非易事，其背后往往是鲜为人知的艰辛付出和对事业精益求精的追求。曹雪芹在创作《红楼梦》时，呕心沥血，披阅十载，其作品可谓句句精辟，字字珠玑。正是由于曹雪芹在文学创作上追求完美，对文学事业精益求精，才成就了日后享誉世界的文学巨著《红楼梦》。

诺贝尔是安全炸药和无烟火药的发明人，他把毕生的精力都用在研制炸药上。研制成功后，他取得了大量专利权，积累了许多财富。1896 年，诺贝尔逝世前决定把 3 300 万克朗作为基金，用每年的利息奖给世界上杰出人物，促进科学文化事业的发展。他在遗嘱中说："这奖金不论国籍、人种和语言，只发给确实对人类有不可磨灭的贡献的人。"诺贝尔为科学奉献了一生，诺贝尔奖则永远地促进科学文化事业的发展。

镭的发明者、两次诺贝尔奖的获得者居里夫人一生忠于科学，厌恶金钱和荣誉。她把所得的奖金绝大部分用于科学实验及赠送给贫穷的学生和需要帮助的朋友。她把研究的结果毫无保留地公之于众，而不接受当时可谋取巨富的专利权。居里夫人长期接触镭，健康受到严重的损害，两手被镭射线烧得伤痕累累，并得了致命的血液病。众人劝她休息治疗，她谢绝了，说："我的生活是离不开实验室的。"在晚年 10 多年的时光里，她带病写出 30 种科学报告、几本高深的科学理论书籍，每天仍然工作 14 小时，直到 1934 年闭上了她那双

第四章 潜心敬业创佳绩 无私奉献写春秋

智慧的眼睛。

由此可知，无论古今中外，敬业奉献都是人们坚定不移的人生信仰和人生使命。敬业奉献不仅仅是一种职业态度，更是一种人生信仰。一个有信仰、有使命的人未必会成就卓越，但没有信仰、没有使命感的人终将一事无成。将信仰和使命感落实到我们的职业中，会使人们感受到完成工作任务的神圣感，会激发工作的积极性，促使工作高效率，获得人生的幸福感。

有一则关于"成功的秘诀"的故事：一个年轻人想获得成功。他听说有一个智者知道成功的秘密，于是就去找他。经过漫长而又艰苦的长途跋涉，年轻人终于找到了智者。

"大师，我请求您教给我成功的秘诀。"年轻人对智者说。

"你想成功就跟我来吧！"智者回答说。

智者没有理睬年轻人的反应，来到海边。年轻人立即跟上来。智者向前走，一直走进大海。他的身体已经被水淹没，但他仍然向着大海深处前进。他突然把年轻人的头按在了水中。年轻人拼命挣扎，最后终于挣脱了。这时智者紧紧抓住了年轻人的手。一分钟后他放开了年轻人，年轻人跳出水面大口地喘着气。

"蠢货，你想淹死我吗？"年轻人愤怒地朝智者喊叫。

"如果你渴求获得成功的愿望像要呼吸到空气这样强，你就已经找到了成功的秘诀！"智者说。

天下没有免费的午餐，成功从来没有什么终南捷径可寻，唯有强烈的意愿和使命感，才是催生自我敬业奉献和坚持不懈的源源不断的内在动力，也是唯一动力。人生不能没有使命感。

（三）价值认同

　　古往今来，爱岗敬业的典型事例不胜枚举。蜀汉丞相诸葛亮在《出师表》中提出"鞠躬尽瘁，死而后已"，是说做事要勤勤恳恳，竭尽心力，至死方休；"郡望昌黎"韩愈的名句"业精于勤荒于嬉，行成于思毁于随"，揭示了学业由于勤奋而精通，但也会荒废在嬉笑玩耍中的道理；民族英雄岳飞的"精忠报国"，体现了认真敬业，履行岗位职责，为国家竭尽忠诚、牺牲一切的豪迈气概；毛泽东同志提出"全心全意为人民服务"，被我党确立为根本宗旨……这些格言警句表达了一个共同核心理念，就是爱岗敬业，尽职尽责，精益求精，甘于奉献。因此，一个人要想在工作中有所成就，就必须具有爱岗敬业、无私奉献的精神，全身心地投入从事的工作中去，在平凡的岗位上作出不平凡的业绩，实现个人理想和人生价值。

　　社会主义社会为人们在"我为人人、人人为我"的生产劳动中更好地发扬敬业精神赋予了新内涵，创造了新空间。社会主义初级阶段这个最大的实际，也呼唤人们敬业精神的广泛发扬。

　　在现代社会中，人的一生往往多半时间是在职业生活中度过的。社会上每一个正常的人，都是通过一定的职业活动来获取其生存发展与人生价值的。可以这样说，职业活动是人类生存、发展的现实基础和根本前提，社会的延续和进步必须依靠人类的职业活动来提供物质条件和文化生活需要。人们要满足自身的物质文化生活的需要，推动人类文明不断地向前发展，就不得不从事各种职业活动,并且必须具有一定的敬业精神。作为伦理道德体系的重要组成部分,敬业精神在人类道德的发展进程中,占有十分重要的地位,是一定社会文化精神在社会职业道德领域里的集中反映。一个国家、社会的发展,绝不能缺少敬业精神。

天生我才必有用,懒懒散散只会给我们带来巨大的不幸。有些年轻人用自己的天赋来创造美好的事物,为社会作出了贡献;而有些人没有生活目标,缩手缩脚,浪费了天生的资质,到了晚年只能苟延残喘。本来可以创造辉煌的人生,结果却与成功失之交臂,不得不说是一个巨大的遗憾。

有位老木匠准备退休,他告诉老板,说要离开建筑行业,回家与妻子儿女享受天伦之乐。老板舍不得他的这位出色的工人,问他是否能帮忙再建一座房子,老木匠说可以。但是大家都看得出来,他的心思已不在工作上,他用的是软料,出的是粗活。房子建好的时候,老板把大门的钥匙递给他。"这是你的房子,"他说,"我送给你的礼物。"老木匠震惊得目瞪口呆,羞愧得无地自容。如果他早知道是在给自己建房子,他怎么会这样呢?现在,他得住在一幢粗制滥造的房子里了!

职场中的很多人又何尝不是如此?面对工作,他们不是积极行动,而是消极应付,不能尽自己最大努力,不肯精益求精。他们漫不经心地工作,其实是在漫不经心地"建造"自己的生活,当惊觉自己的处境时,他们就会发现早已深困在自己给自己建造的破"房子"里。

工作是我们的荣耀,工作是上天赋予我们的使命,工作是创造我们伟大事业和塑造我们完美人格的基石。敬业奉献是每一个人在这世上生存发展,从而实现自我价值、获得尊重和荣耀的内在需求。"幸福都是奋斗出来的！[①]"

二、心中有梦　胸怀家国

古今中外，敬业精神都一直是人们讴歌的对象。忠于职守、勤奋刻苦、精益求精、一丝不苟、吃苦耐劳、坚持不懈等精神，千百年来都被人们尊为美德，广为传唱。

敬业奉献是人类社会进化的最高形式，是社会发展的基石和不竭动力。只有敬业奉献，整个人类社会才能获得长足的进步与发展；只有敬业奉献，个人的生命才能获得他人和社会的认可与尊重，获得自我成长与自我表达，自我尊重的荣耀与自信自重的幸福才能真正达成。敬业奉献是人类奉行的最为普遍的理念和精神，看似平凡，实则伟大。

（一）守得沙漠变绿洲——"六老汉""三代人"

2019年3月29日晚，《时代楷模发布厅》播出八步沙林场"六老汉"三代人治沙造林先进群体先进事迹，中共中央宣传部正式授予甘肃省古浪县八步沙林场"六老汉"三代人治沙造林先进群体"时代楷模"称号，号召全社会向他们学习。

八步沙是腾格里沙漠南缘凸出的一片沙漠，是甘肃古浪县最大的风沙口。"一夜北风沙骑墙，早上起来驴上房"是昔日八步沙的真实写照。

[①] 出自2017年12月31日习近平总书记发表的2018年新年贺词。

第四章 潜心敬业创佳绩 无私奉献写春秋

为保护家园，20世纪80年代初，郭朝明、贺发林、石满、罗元奎、程海、张润元6位村民，义无反顾地挺进八步沙，以联产承包的形式组建集体林场，承包治理7.5万亩流沙。"一步一叩首，一苗一鞠躬"，带着悲壮又神圣的心情，六老汉把一棵棵小苗埋进沙窝里，在沙漠里栽下一万亩树苗。

（图片来源：新华网）

"本来能成活七成，然而一场风沙过去，活过来的树苗连30%都不到了。"张润元说，"望着所剩无几的树苗，我们没有灰心，反而觉得只要有活的，就说明这沙能治，信心更足了。"六老汉在失败中摸索，他们发现，草墩子旁边的树苗成活率很好，第二年就在树窝周围埋上麦草，把沙子固定住，树苗的成活率明显提高。"一棵树，一把草，压住沙子防风掏"也成为最经济实用的治沙工程技术措施。

张润元回忆："有时候半夜突然起大风，茅草被卷得七零八落，我们只能头顶被子，在冰冷的地坑里挨到天亮。"直到1983年，在古浪县林业局的帮助下，他们修建了三间房子，居住条件才有所改善。郭万刚说，在六老汉的眼里，八步沙就是他们的"命"。即便是90年代面临资金困难，没有经济收入的时候，他们守着千万元的绿色财产，也没伐一根柴，没拔一棵草。

1991年、1992年，贺老汉、石老汉因过度劳累和肝病相继离世，郭老汉和罗老汉于2005年和2018年先后去世。第一代治沙人六老汉走了四个，两个年纪大了，干不动了，但7.5万亩的八步沙才治了一半。张润元说："治沙就是个苦力活，得有耐心、苦心和坚持心。"正是因为这一股执拗劲，六老汉把治沙的重任交给了自己的下一代，他们约定：不论多苦多累，我们六家人必须要有一个继承人，把八步沙管下去。

为了完成父辈人的遗愿，郭老汉的儿子郭万刚、贺老汉的儿子贺忠祥、石老汉的儿子石银山、罗老汉的儿子罗兴全、程老汉的儿子程生学、张老汉的女婿王志鹏，接过了治沙接力棒，成为八步沙的第二代治沙人。在郭万刚等第二代治沙人的努力下，2003年，7.5万亩八步沙的治理任务完成。如今的八步沙已经形成一条南北长10公里、东西宽8公里、林草良好的防风固沙绿色屏障。自2003年至今，郭万刚等第二代治沙人完成治沙造林6.4万亩，封沙育林11.4万亩，栽植各类沙生苗木2 000多万株，造林成活率65%以上，植被覆盖率达到60%以上。

郭朝明的孙子郭玺也是林场的一员，他和林场的一群大学生参与防沙治沙事业，成为八步沙第三代治沙人。以前从没治过沙的他们积极向父辈们请教，学习治沙经验，从六老汉时代的一棵树、一把草，压住沙子防风掏，到现在的打草方格、细水滴灌、地膜覆盖等，第三代治沙人的治沙方式，在父辈的基础上不断创新。

（图片来源：新华网）

如今站在八步沙上，远望群山如画，近看植被怡人，深感群众力量的伟大。"每当黄沙滚滚，睁不开眼，在我心里还涌着甘泉。"蔡琴歌声里的这句歌词，文艺地表现了治沙英雄们心灵的柔软和意志的坚强。这种精神，不但会在八步沙林场人中传承下去，也将振奋中华民族开拓进取走向明天。

八步沙人在困难面前，不忘初心，接力前行，用实际行动诠释了勤奋劳动的价值和拼搏奋斗的意义。八步沙林场"六老汉"三代人治沙造林的事迹，不仅很好地诠释了"绿水青山就是金山银山"这个理念，而且更加明确了我们新时代每一个普通人的责任与使命。"六老汉"三代人的精神，告诉我们每个普通人，敬业奉献需要崇高的信仰和强烈的使命感，勤奋工作、爱岗敬业、终生奋斗、无私奉献就是一个有抱负、有理想的当代人的使命所在。

（二）雪线邮路的忠诚信使——其美多吉

"雪线邮路是寂寞的、也是孤独的，但这是我的选择，我从来没有后悔过。"由交通运输部主办的其美多吉同志先进事迹报告会在北京全国政协礼堂举行，四川甘孜县邮政分公司长途邮运驾驶员其美多吉在报告会上，动情地讲述了雪线邮路上惊心动魄的经历和感人事迹。

其美多吉驾驶邮车在路上（图片由四川省邮政公司新闻中心提供）

四川省甘孜藏族自治州有一条全程往返1 208公里、平均海拔3 500米以上的雪线邮路。在这条雪线邮路海拔最高、路况最复杂的甘孜县至德格县之间，其美多吉坚持每月不少于20次往返，行驶总里程相当于绕赤道35圈，他驾驶的邮车从未发生一次责任事故，圆满完成了每一次邮运任务。

2000年2月，其美多吉和同事邓珠曾在山上遭遇雪崩，进退无路时，两人用加水桶、铁铲等工具一点一点铲雪，不到1 000米的距离，整整走了两天两夜。川藏线不仅路况复杂、气候恶劣,过去还有车匪路霸。2012年7月,其美多吉驾驶邮车途经国道318线雅安市天全县境内,路边12个歹徒窜出将邮车团团围住。其美多吉为保护邮车身受重伤,送往医院抢救时身中17刀,肋骨被打断四根,头盖骨被掀掉一块。虽然遭遇重创,但是其美多吉并没有向磨难低头。一年后,他在艰难康复后,不顾同事和家人的劝阻,再次开上了邮车。

多年以来,其美多吉没有在运邮途中吃过一顿正餐,只在家里过了5个除夕。其美多吉说,海拔6 000多米的雀儿山上是荒凉的生命禁区,邮车送来的家书和报纸,对常年驻守的道班工人们来说就是最好的精神安慰。

雪线邮路上的30年,他见证着祖国对藏区的巨大扶持,看到了家乡日新月异的发展。如今,其美多吉所在的邮运车辆小组,年龄最大的55岁,最小的25岁,他们坚守、奔波在这条雪线邮路上。2017年,这个小组安全行驶43.5万公里,运输邮件59.1万袋,机要通信无一起差错。

其美多吉行驶在路上(图片由四川省邮政公司新闻中心提供)

简单的事情重复干,平凡的事情坚持干,就能成就一番事业。即使身为普通的邮递员、快递员小哥,也能把自己平凡的工作变成超越平凡的伟大工作。敬业奉献就在于几十年如一日的坚持不懈,兢兢业业,"不积跬步无以至千里,不积小流无以成江海。"

(三)与时俱进的"蓝领工匠"——张黎明

张黎明,全国优秀共产党员、党的十九大代表、国家电网天津市电力公司滨海供电分公司配电抢修班班长。学习他的先进事迹,令人升起崇敬之情。

(图片来源:https://www.sohu.com/a/245053928_736916)

张黎明是国家电网天津市电力公司滨海新区一名从事电力抢修的技术工人,他始终以工匠精神自我勉励,不忘初心。他主持多项创新项目,获得国家专利24项;"可摘取式低压刀闸"推广应用,将恢复送电时间由原来的45分钟缩短至8分钟,每年减少停电损失超过300万元;他发明的"AAEA"抢修管理模式，将故障平均处理时间由3小时缩短到1小时。

张黎明在30年的工作中，养成了下班带着笔记本和笔，骑自行车走街串巷的习惯，为的是熟悉和了解电力运行的情况，遇到环境发生变化就会随手画下来。在这30年里，张黎明所巡视的线路有8万多公里，业余时间手绘的线路地图有1 500余张。当然，这些地图也深深地印刻在他的脑海里，他被同事亲切地称呼为"活地图"。

张黎明所服务的滨海新区内，世界五百强企业有140多家。为了给企业的运行保驾护航，张黎明的手机24小时开机，随时做好抢修电力的准备。遇到雷电雪雨的天气，他还把手机紧紧地攥在手里，生怕听不到手机的铃声。张黎明作为一名优秀的共产党党员，平时默默奉献，有苦有难之际冲上前去。他始终牢记党"为人民服务"的宗旨，2007年成立"滨海黎明共产党服务队"，和215名队员走进乡村、医院、校园和社区，宣传基本用电安全，义务检修老化电路，向社会传递温暖和爱心。

2012年7月26日，天津地区遭遇60年一遇的暴雨突袭，当时张黎明正在病房陪伴病危的父亲。没有丝毫犹豫，他留下前来送饭的妻子，毅然赶到抢修班，立即出发赶往现场。

那一晚，张黎明和同事跋涉在雨水中，车陷下去，就用手推，小区路窄，就一起蹚水走，他没有喝一口水，吃一口饭，和同事在暴雨中奔波8小时。当疲惫不堪的张黎明赶回医院，看到重症病房的父亲和忙碌的妻子，流出了愧疚的眼泪。为了百姓的安定，为了电力的稳固，他只好暂时放下自己的小家。

张黎明是奋战在一线的蓝领，是一名普普通通的电力抢修工人。然而，他又是新时代的"蓝领创客",是有着工匠之心的匠人,他代表着千千万万个像他一样放弃小家,为社会大家做贡献的工人。他们平时可能默默不起眼,在信息时代高速发展的背景下,他们只是一群不被人注意到的"细胞",然而就是这些"细胞",在社会和人民需要他们时,他们竭尽全力地奉献自己的一份力量。让我们向那些用工匠之心来坚守自己岗位的同志致敬,正是因为有了他们,城市才如此美丽。

中宣部这样评价张黎明：张黎明是伴随我国改革开放成长起来的产业工人的杰出代表,是"点亮万家的蓝领工匠"。从技校毕业生到技能专家,从普通工人到全国劳模,他用实际行动生动诠释了习近平总书记"劳动最光荣、劳动最崇高、劳动最伟大、劳动最美丽"的重要思想,谱写了新时代的劳动者之歌。作为一名普通市民,应以张黎明为榜样,大力弘扬劳动精神、劳模精神、工匠精神,立足本职工作岗位,诚实劳动、勤勉工作,勇做新时代的奋斗者,用劳动书写美好的新时代。

（四）胸怀大爱,造福患者——王逸平

爱岗敬业是平凡的奉献精神,因为它是每个人都可以做到的,而且应该具备的；爱岗敬业又是伟大的奉献精神,因为伟大出自平凡,没有平凡的爱岗敬业,就没有伟大的奉献。敬业之"业",指的是各种形式的劳动。"业"之所以须"敬",就在于劳动对于人类社会的存在与发展具有首要意义,"劳动是整个人类生活的第一个基本条件,而且达到这样的程度,以致我们在某种意义上不

得不说劳动创造了人本身。"[①]任何一个民族,如果停止劳动,不用说一年,就是几个星期,也要灭亡,只要社会还没有围绕着劳动这个太阳旋转,它就绝不可能达到均衡。

(图片来源:中科院上海药物所)

王逸平生前是中国科学院上海药物研究所的研究员。1993年,年仅30岁的王逸平被确诊患有克罗恩病,这是一种人类尚不明机理且无法治愈的疾病。作为药物研究员的王逸平很清楚自己的病无法治愈,只能靠药物进行维持。他非但没有因自己身患绝症而哀伤,反倒告诫自己更要把有限的生命投入无限的科研当中。一项新药的研发需要筛选1万个先导化合物再加上5到15年的时间,这是业界公认的研发新药所要付出的劳动成本,同时研发新药也是一个药物研发人员一生的荣耀。42岁时,王逸平成功地在丹参中提取出乙酸镁,并将其运用到药物研发中,研制丹参多酚酸盐粉针。

迄今为止,丹参多酚酸盐粉针剂已在全国5 000多家医院临床应用,有

---

① 选自《马克思恩格斯选集》第3卷,第508页。

2 000多万患者受益，累计销售额突破250亿元，被评为最具市场竞争力的医药品种，成为中国中药现代化研究的典范。

王逸平以一己之力解除了2 000多万人的病痛，在其位谋其职。他的一生虽然饱受病痛折磨，但仍坚持奋战在药物研究的第一线。他有一个常常挂在嘴边的"三万天理论"：人的一生中最多有三万天，其中除了吃饭和睡觉，有效工作的时间只有一万天，要在有限的时间里多做有意义的事情。从30岁到55岁，王逸平一边与疾病进行漫长又艰苦的斗争，一边为新药研发殚精竭虑。他燃烧了自己，照亮了别人前行的路。他的妻子曾经抱怨过他把单位当家，他却对妻子说不是他自己一个人这样，晚上单位加班的人有很多。感谢那些日夜奋斗的同志，感谢那些造福人类的同志，是他们的孜孜不倦，是他们忘我的奉献，为新时代的发展谱写赞歌。

王逸平在生前最后的日子，已经感觉到病情的严重性。那时，激素类的药物已经不再起作用，但是他不想改用生物制剂。学医的他知道，那是最后一道屏障。他加大激素类药物的服用，想把握好生命的最后日子，把几个在研的新药做完。为了缓解家人的情绪，他对妻子说自己的身体状态至少还能再活10年。2018年5月6日是他宝贝女儿的毕业典礼，他早就答应女儿要陪女儿一周，也早早地订好了机票。可这一次，王逸平却爽约了。

有人说，王逸平虽然输给了病魔，但他跑赢了人生。2018年11月16日，中宣部追授王逸平"时代楷模"称号。

王逸平的事迹告诉我们，一个人的成功与否，跟自己挣多少钱，获得多少荣誉没多少关系，而在于他对社会和人民的奉献，是否造福社会，是否有助于人民的美好生活需要。王逸平是改革开放以来党和国家培养的新一代党员科学家的典范,他的一生是为党的事业、为人民不息奋斗的一生。王逸平也是科研工作者的代表,每一名科研工作者都是黑暗里默默前行的赶路人。一代人有一代人的奋斗,一代人有一代人的长征路,王逸平将他从上一辈人学到的求真务实精神传承给他的学生们。在这个时代里,王逸平不是孤独的,各行各业都有像王逸平一样的人涌现出来,他们扛起了这个时代,鼓舞着我们每一个人在自己的岗位上坚守和奋斗,而每个奋斗者,都是不朽的。

习近平总书记多次强调"空谈误国,实干兴邦",并指出:"幸福不会从天而降,梦想不会自动成真。实现我们的奋斗目标,开创我们的美好未来,必须紧紧依靠人民、始终为了人民,必须依靠辛勤劳动、诚实劳动、创造性劳动"。"干一行,爱一行;爱一行,钻一行",就是爱岗敬业、苦干实干、无私奉献的平凡但伟大的精神。具备敬业奉献这种平凡而伟大的精神的人,永远都是强大的民族脊梁!

(五)用生命践行航空报国——罗阳

2012年11月25日,对于中国航空人来说,本应该是个值得被所有人铭记的伟大日子,这一天,我国歼-15舰载机成功完成了着舰起降,打开了我国海军航空兵的时代新篇章。但也是这一天,作为歼-15舰载机研制现场总指挥的罗阳,突发心肌梗死,抢救无效,于当日去世。

罗阳生前是中航工业沈阳飞机工业(集团)有限公司董事长、总经理,在大连执行国家重点工程任务时,突发心肌梗死、心源性猝死,因病情严重抢救无效辞世，终年51岁。

（图片来源：http://news.sina.com.cn/o/2018-11-25/doc-ihmutuec3432883.shtml）

罗阳投身祖国航空事业30年来，秉持航空报国的志向，坚持敬业诚信、创新超越的理念，兢兢业业，攻坚克难，长年超负荷工作，带领工程技术人员完成了多个重点型号研制，直至生命的最后一刻。罗阳为中国航空武器装备发展作出了卓越贡献，用生命践行了"航空报国"的铮铮誓言。

中共中央总书记、中央军委主席习近平曾作出重要指示。习近平指出，罗阳同志不幸因公殉职，我谨致以沉痛的哀悼，并向他的家人表示深切的慰问。罗阳同志秉持航空报国的志向，为我国航空事业发展做出了突出贡献，他的英年早逝是党和国家的一个重大损失。要很好地总结和宣传罗阳同志的先进事迹，广大党员、干部要学习罗阳同志的优秀品质和可贵精神。习近平还要求有关方面妥善照顾罗阳同志的家人。

遵照习近平主席的指示精神，中央组织部要求深入总结和宣传罗阳的先进事迹，号召广大党员、干部学习罗阳的优秀品质和可贵精神。中央宣传部要求主要媒体立即对罗阳的先进事迹采访宣传，号召广大党员、干部向罗阳学习，为推动党和国家事业提供榜样的力量。中国航空工业集团公司决定授予罗阳"航空报国英模"称号，并在全集团深入开展向罗阳学习活动。①

敬业奉献就是忠于事业，甘于奉献。为了航母舰载机起降成功的那一刻，罗阳倾注了全部心血。正是因为有像罗阳这样的一代又一代科技工作者，我们才创造了"两弹一星"、神九飞天、蛟龙探海、舰载机腾飞的辉煌。

敬业奉献就是攻坚克难，追求卓越。在51年的人生历程中，罗阳书写了生命传奇。无论是永不服输、永不懈怠的劲头，还是"外国人能干成的事情，中国人同样能干成"的志气，无论是力克技术难题锐意创新，还是带领企业迈入改革发展的快车道，罗阳干出了一番不平凡的业绩。正是因为有像罗阳这样的一批又一批改革者、创业者，我们才能不断攀上事业高峰。

"祖国终将选择那些忠诚于祖国的人，祖国终将记住那些奉献于祖国的人"，这是中国航空人用长达68年的岁月打磨出来的航空精神。"干惊天动地事，做隐姓埋名人"，这是千千万万个像罗阳这样的人，坚守一生的信仰。

（六）大漠铸核盾，生命写忠诚——林俊德

他是将军，是院士。他一辈子隐姓埋名，坚守在罗布泊52年，参与了中国全部的45次核试验任务。他先后培养了23名博士、硕士，他们个个都成为各自领域的专家。他是荒漠里静静绽放的马兰花，是2012年"感动中国十大

---

① 新华社. 习近平要求党员干部学习罗阳优秀品质和可贵精神. [EB/OL]. http://www.gov.cn，[2012-11-27].

人物"之一，他的名字值得每一位中国人铭记——林俊德。

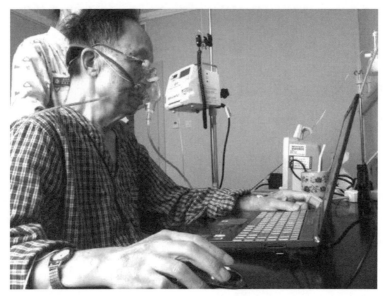

（图片来源：http://www.sohu.com/a/231492915_99910369）

2012年5月4日，林俊德被确诊为胆管癌晚期。医生建议立即做手术，而他关心的却是：手术后能不能工作？当医生说不能时，他毅然放弃了治疗。

5月26日，生命进入倒计时！病情恶化的他，被送进重症监护室。醒来后他拉着医生的手说："我是搞核试验的，一不怕苦，二不怕死，现在最需要的是时间。在这里我无法工作，请把我转回普通病房。"在普通病房里，他坐在临时搬进病房的办公桌前，吃力地挪动着手中的鼠标，显示屏上出现的每一个字，似乎都是他最后的嘱托。他的电脑里，有关系国家核心利益的技术文件，还有自己的科研思考，以及学生的毕业论文，每一件都只有他才能整理。时间不多了，他必须尽快完成！亲人、朋友、学生、同事赶到医院看望，他说："我没有时间了，看望我一分钟就够了，其他事问我老伴吧。"

5月31日，已经极度虚弱的林俊德，9次要求、请求甚至哀求医生，同意自己下床工作。家人不忍心他最后一个愿望都不被满足，他才终于又坐在电脑前，开始了一生中最艰难，也是最后一次的冲锋。他的手颤得握不住鼠标，视线也渐渐变得模糊。他几次问女儿："我的眼镜在哪儿？"女儿说："戴着呢。"看到这一幕，很多人忍不住痛哭起来，因为怕他听到，只能使劲捂着嘴巴。半个多小时过去了，老伴儿轻声劝道："医生想叫你休息一会儿。"他则回答："坐着休息，我不能躺下。躺下了，就起不来了！"两个小时后，他再也撑不住了！医护人员将他扶回病床，他很快陷入了昏迷。在半昏半醒中，他反复叮咛学生和家人，办公室里还有什么资料要整理，密码箱怎么打开，整理时要注意保密……老伴儿紧紧握着他的手，贴在他耳边说："老林啊，这是我第一次把你的手握这么长时间！"

5个小时后，2012年5月31日20时15分，心电仪上波动的生命曲线，从屏幕上永远地消失了。生命最后时刻，林俊德从罗布泊的荒原戈壁，转战到医院病房这个特殊战场，完成了一名国防科技战士最后的冲锋。

他这一代人，一生中自主的选择不多，做核试验最初也不是他个人的选择。但在戈壁大漠像胡杨树一样，扎根半世纪，是他自己的抉择。因为信念，因为执着，他甘愿让自己的血液流淌在这片死亡之海；为了使命，为了责任，他宁愿把生命最后的时刻留给热爱的工作。他只希望自己的知识、研究，对国家的发展、后代的成长，有所帮助。

（七）"当代神农"改变世界——袁隆平

袁隆平，国家杂交水稻工程技术研究中心暨湖南杂交水稻研究中心主任，中国工程院院士,中国杂交水稻育种专家,中国研究与发展杂交水稻的开创者,被誉为"世界杂交水稻之父"。

(图片来源:http://k.sina.com.cn/article_3891178704_e7eeacd0001004m4e.html?from=auto)

袁隆平是一位视科学为生命的科学家。为了杂交水稻事业,他几十年如一日,矢志不移,默默奉献。刚开始研究时,许多人说他是自讨苦吃,他坦然回答:"为了大家不再饿肚子,我心甘情愿吃这个苦。"研究条件的简陋艰苦、滇南育种遭遇大地震的威胁、上千次的实验失败,都动摇不了袁隆平研究杂交水稻的决心。几十年来,他像候鸟一样追赶着太阳南来北往育种,在攻关的前十年有七个春节是在海南岛度过的。

袁隆平注重实践。他说,书本上、电脑里种不出水稻,他始终坚信真正的权威来自实践。"我不在家,就在试验田;不在试验田,就在去试验田的路上。"在第一线的坚守,使他抓住了科学的灵感,锻造出了战略性眼光。

第四章 潜心敬业创佳绩 无私奉献写春秋

袁隆平甘为人梯。他注重培养杂交水稻科研人才，将团结协作看作是打开成功之门的钥匙。他捐出奖金，设立了科研基金和农业科技奖励基金；他将实验材料"野败"毫无保留地分送给全国18个研究单位，加速了"三系"杂交稻研究的步伐。在他的培养和带领下，我国杂交水稻界精英辈出，研究成果层出不穷，30多年来一直处于世界领先地位。

袁隆平永不满足。从"三系法"到"两系法"，从一般杂交稻的成功到超级杂交稻一期、二期再到三期，他将水稻产量从平均亩产300公斤左右先后提高到500公斤、700公斤、800公斤。

大德有大成。据统计，到2006年，我国累计推广种植杂交水稻56亿多亩，增加产量5 200多亿公斤。近年来，全国杂交水稻年种植面积2.4亿亩左右，全国年增产的稻谷可以养活7 000多万人口。7 000多万，这个数字意味着什么呢？它是全世界每年新出生的人口数量的总和。

袁隆平从工作开始，一直在稻田里耕耘、拓荒，从壮年走到了老年。袁隆平对中国和世界的贡献，用"伟大"二字形容并不过分。他曾几次说过："我有两个梦，一个是'禾下乘凉梦'，另一个是杂交水稻覆盖全球梦。"追梦圆梦，从三系杂交水稻到两系杂交水稻，再到第三代杂交水稻的研究，我国始终走在世界前列，特别是改革开放后一个又一个攻关目标取得突破。袁隆平一路走来，梦想伴随着奋斗，使命召唤着进步，既有探索的艰辛，又充满奉献的快乐。

一位新中国"当代神农"终结了全人类的饥饿，一种心系天下苍生的博大胸怀在科学史上树起了新的丰碑。

一个个普通人因为这样的使命和责任，因为这样的敬业和奉献，使我们认识到，敬业奉献就是一种最基本的做人之道。即使个人的职业是平凡普通的，但充满崇高的信念和使命意识，处处以全力以赴的工作精神去努力，不但可以完成你生命中的使命和伟大的信念，同时也能增添个人的荣耀和社会的尊重认可。艰苦奋斗，毫不懈怠，薪火相传，勤劳敬业，无私奉献，这种崇高的使命感就是生命存在的最高价值所在！

敬业奉献的文化精神作为历史形成的民族文化在一个民族心理价值层次上的浓缩、积淀和结晶，是一种文化在民族心理和实践层面上的折射，是一个民族、一个国家、一个社会，安身立命、发展进步的精神动力。人类迄今的历史表明，一种文明的进步，一个社会的发展，离不开一种文化精神对人类总体力量的整合和对实践活动的引导。

■ 三、脚踏实地　奋发有为

敬业奉献体现着一种责任、一种追求，我们应该把敬业奉献当作人生追求的一种境界，从内心去热爱自己的职业，从精神上发出坚定信念，把平凡的岗位变为实现个人价值的人生舞台。

（一）坚守职业信念

社会的进步依赖于各行各业人员的努力奋斗：教师教书育人，守护三尺讲台，培育桃李芬芳；医生救死扶伤，坚守手术阵地，挽救他人生命；军人保家卫国，不畏枪林弹雨，守护一方平安……他们身上体现出的爱岗敬业的工作态度感动了每个人。作为新时代社会中的一员，我们更应承担工作的责任，用乐业、敬业书写壮丽的人生篇章。

英国19世纪下半叶伟大的道德学家塞缪尔·斯迈尔斯就非常重视敬业精神的作用，他曾经就敬业精神对社会发展的影响发表过深刻的议论。他说："恪尽职守乃是我们民族的一种伟大精神财富，这正是我们民族引以为傲的东西。只要这种精神永存，我们这个民族就不会衰落，我们的未来就充满着无限的希望。一旦这种精神消失了，减弱了，或者被贪图享受、自私自利或虚幻的荣耀之心取代了，那么灾难就会降临到我们民族的头上，那我们这个民族离衰败、灭亡的日子也就不远了。"[1]

爱岗敬业，恪尽职守，是始终如一的信念，是永不言弃的心态。王继才坚定"家就是岛，岛就是国"的信念，守岛32年；南仁东辞去日本高薪工作，回国筹建FAST项目，在漫长的22年岁月里，每天翻山越岭，带领团队攻克技术难关，助力"中国天眼"的建设；塞罕坝林场建设者50多年来，在"黄沙遮天日，飞鸟无栖树"的荒漠沙地上艰苦奋斗，用实际行动诠释了塞罕坝精神。坚持才能在过程中积累经验，收获成功，才能搭建桥梁，通往成功的彼岸，才能有机会立于山峰之巅，欣赏脚下的美景。

敬业是崇高信仰和个人良知在工作中的体现，是在工作中流露出来的优秀

---

[1] 塞缪尔·斯迈尔斯. 品格的力量 [M]. 北京：北京图书馆出版社，1999.

品德与人格。我们不以位卑而消沉，不以责小而松懈，不以欣赏而放任；在工作中少一些计较，多一些奉献，少一些抱怨，多一些责任，少一些懒惰，多一些上进心。享受工作给自己带来的快乐和充实感，让敬业奉献精神永存心中，我们就会更加珍惜自己的工作，抱着感恩、努力的态度，把工作做得尽善尽美，最终赢得大家的尊重和认可。这样才能更好地体现自己的人生价值。

（二）增强岗位本领

俗话说"打铁还需自身硬""没有金刚钻，不揽瓷器活"，履职尽责不是一句空话，需要付诸行动。如果我们在工作岗位上仅有工作热情，而能力不及，也完成不好工作任务，所以说能力素质是干好工作的前提条件。只有不断地坚持学习、提升能力、强化本领，才能适应新时期、新时代日新月异的发展需要，才能更好地履行岗位职责。

习近平总书记曾经提到过现代人才学中的一个理论，叫"蓄电池理论"，意思就是说，现代的人才当中，一辈子只充一次电的时代已经过去了，我们必须做一块高效能的蓄电池，持续地充电，才能够持续地释放能量。然而，有些自诩"有本事"的人恃才自傲，满足于掌握的现有知识和能力水平，思想禁锢，习惯于故步自封，这不仅丧失工作动力、失去创新机遇，还可能成为阻碍创新发展的桎梏。真正的敬业者深深知道，工作就意味着无尽的改进机会和创新可能。也许今天我们能够完全胜任工作，但不意味着明天我们还能圆满完成工作对我们提出的新挑战。

因此，爱岗敬业既是一种人生态度，也是一个人能力素质的体现。在当前宏观经济新常态背景下，企业组织转型升级、变革发展必然会给我们的岗位工作带来新变化和新挑战，这就要求我们必须具备迎接新变化和新挑战的能力，在实际工作当中，要持续地充电，勇于磨炼和摔打自己，增强谋事干事的本领，以动态变化的眼光看待日常工作，及时发现工作新变化，迎接工作新挑战，拓展工作新空间，作出工作新贡献。

总之，成功没有捷径可走，需要一砖一瓦的接力，需要每时每刻的努力。我们应大力培育和弘扬爱岗敬业的品格，坚持学习，强化本领，在自己的工作岗位上，扎扎实实地完成每一件事情，让爱岗敬业领风气之先。

（三）发扬奉献精神

说到奉献，人们就会想到雷锋、任长霞等英雄模范。作为时代英雄，他们的奉献是最高层次的奉献，具有先驱性、号召性、风险性。我们所要说的"奉献"，不一定非要有舍生忘死、大无畏的境界，我们的社会生活既需要英雄的奉献，也需要平凡的奉献。平凡的奉献者往往是铺路者、奠基人，同样可贵、光荣。付出你应该付出的，给予你能够给予的，实实在在地做人，兢兢业业地做事，力所能及地付出，同样是一个人对社会的最好奉献。

平凡的奉献集中体现在工作岗位上。一份职业，一个工作岗位，是一个人赖以生存和发展的基础保障，也是人类社会存在和发展的需要。只要是在自己的工作岗位上认真负责，尽心尽力，遵守职业道德，这就是一种普遍的奉献精神。

平凡的奉献集中体现在自我牺牲上。当个人利益与集体利益发生冲突时，我们要树立强烈的集体荣誉感，顾全大局，以集体利益为重，不患得患失，勇于舍小家、作出自我牺牲，成就"大家"利益，以高尚的人格品德和无私的奉献精神赢得社会的认可和广泛赞誉。这种自我牺牲是一种大爱无私，更是社会文明进步的印证。

平凡的奉献集中体现在社会责任上。一个社会的文明水平，一个人的文明水平，在相当程度上取决于职业道德和社会责任意识的强弱。建设社会主义精神文明，这是广泛的、表面上的目标，而强化社会责任感，就使这一目标落到了实处。我们倡导的奉献精神是以"责任"作为底线的。社会分工不同，我们不能评价每个奉献者孰优孰劣，只要在各自的岗位上尽职尽责，最大限度地发挥自己的聪明才智，对社会作出应有的奉献，就能实现自我价值。

总之，奉献就是要从一点一滴的小事做起，从现在做起，从我做起，在各自的岗位上恪尽职守，兢兢业业。当工作需要我们贡献力量时，我们应积极主动地施展自己的能力与才华，而不斤斤计较个人得失；当国家、人民需要我们挺身而出时，我们要能够勇敢地站出来，不计荣辱，贡献出力量、智慧，甚至生命。

■ 四、结语

老子的《道德经》中写道："万物作而弗始，生而弗有，为而弗恃，功成而弗居。夫唯弗居，是以不去。"功成而弗居，奉献者成就了事业却不仗恃、炫耀自己的力量，不自居有功。淡泊名利，功成而弗居，一生只是兢兢业业、勤奋不懈、无私奉献，这样的敬业奉献者，永远不会被人民遗忘。

在今天这样的年代，忠诚敬业、无私奉献、淡泊名利依然是最值得珍视的品质。唯有把敬业奉献当作自己的生命态度和存在的目标，这样的人生才是有价值、有意义的人生。

第五章
孝老德范载千秋
爱亲和美吟新曲

一个文明公民，不仅要在社会上敢于担当，在工作中勤勉敬业，在关键时刻挺身而出，而且应该处理好家庭成员的关系，恪守家庭伦理道德，孝老爱亲，以良好的家风和家教展现在世人面前。

相对于社会工作而言，绝大多数人一生中有一半以上的时间是和家人生活在一起的，父母、爷爷奶奶、外公外婆、夫妻儿女、兄弟姐妹、婆媳姑嫂……血缘和婚姻把这些家庭成员联结在一起，组成了一个个或大或小的家庭。大家一起吃饭、看电视、聊天，一起逛街、购物、旅游，一起憧憬美好的生活，一起艰苦奋斗，一起享受成功的快乐，老有所依，少有所养，壮有所为。所谓文明社会就是由这样一个个和谐团结、幸福温馨的小集体聚合而成的。

国有国法，家有家规，中华民族在几千年的生存、繁衍、发展过程中，形成了一整套的、系统的家庭文明观念和规则，用来教育、约束、指导每一个家庭成员，尤其是后代子孙的居家和社会行为。这些观念和规则的落实，就构成了家教，家教搞得好，就会形成良好的家风。家庭风气好，社会风气就正；家庭团结稳定，社会就和谐安定；家庭中的年轻人、小孩子有礼貌，懂道理，国家就有希望，民族就有未来。

历史上，以"孝老爱亲"为核心的家庭教育在维护中华民族的统一及民族凝聚力方面发挥了不可替代的作用。在努力建设社会主义现代化社会，努力践行社会主义核心价值观的今天，弘扬孝老爱亲的中华传统美德，构建优质的家庭文明，形成良好的家风，更是我们国家思想道德文明建设的重要任务，也是党和国家、各级政府和每一个家庭、每一个公民义不容辞的责任。[①]

---

① 本章的案例内容选自：
[1] 肖忠群. 孝文化与构建和谐社会 [M]. 武汉：武汉出版社. 2009.
[2] 贾宏雄，易罡. 漫谈孝文化 [M]. 北京：新华出版社. 2015.
[3] 杨娅. 孝老爱亲故事集 [M]. 武汉：武汉大学出版社. 2011.
[4] 中央文明办，中国文明网. 好人365故事：孝老爱亲 [M]. 石家庄：河北少年儿童出版社，2016.
[5] 黄宛峰，黄炜炜.《孝经》与孝文化 [M]. 杭州：杭州出版社. 2011.
[6] 肖波，丁么明. 孝坛金言. [M]. 武汉：湖北人民出版社. 2009.

一、孝老爱亲千载美德

（一）孝敬老人　爱护亲人

"孝老爱亲"是我们经常听到，也经常说的一个词语，在广播、电视、网络等媒体中也几乎天天都能听到或看到。对于绝大多数中国人而言，我们也几乎是天天在做这些事情：给父母洗脚、剪指甲，陪父母散步、逛街、上医院；给父母买礼物、过生日；在外工作的，隔几天给父母打个电话，定期不定期回家看看；做父母的，一把屎一把尿把孩子带大，送孩子上幼儿园、上小学、上中学、上大学，然后再给孩子带孩子……这些再简单不过的居家日常行为就是孝老爱亲，就是家庭伦理、家庭道德、家庭文明。

我们中华民族是一个重视家庭、重视亲情、重视孝道的民族，严父、慈母、孝子、贤妇这些词语就是最好的明证。作为美德，"孝老爱亲"在中国有几千年的光荣传统。

1. 舜——有史以来的第一位大孝子

舜，本姓姚，字重华，与尧、禹并列，为五帝之一，是中国上古时期有作为的圣君。其一生充满传奇色彩，史传在其治下，出现"一年成村，两年成邑，三年成都"的繁荣景象。他在孝德方面，更是有口皆碑，成语"感天动地"就来源于他的孝行。

传说舜的父亲是个盲人，叫瞽叟，为人顽劣，但很有音乐才华。在舜十几岁生母去世后，瞽叟又为舜娶了一个继母。这个继母为人凶狠，性情暴躁。后母又生了个叫象的儿子，象长大后也凶残、蛮横、傲慢、无理。舜青少年时期就生活在"父顽、母嚚、弟傲"的家庭环境中，父亲不辨是非，继母两面三刀，弟弟桀骜不驯，他们经常联手加害舜，几次三番欲置舜于死地而后快。然而舜对父母不失子道，十分孝顺，对弟弟十分友善，多年如一日，没有丝毫懈怠。舜在家人要加害他时，及时逃避；稍有好转，又马上回到他们身边，尽可能给予帮助，其中最为人称道的故事是"造琴救父"和"风雨背母"。

"造琴救父"，说的是舜的父亲瞽叟喜好吹拉弹唱，有一次他外出弹唱时，不小心摔了一跤，摔破了心爱的五弦琴，一连几天茶饭不思。舜看在眼里，急在心上，决定拜师学习造琴。经过三个月的努力，他终于为父亲制成了一把精致的五弦琴。舜超常之大孝心终于感化了父亲、继母和弟弟，也感动了上天，传说当舜在历山下耕田时，有神象相助，又有神鸟帮忙去锄荒草。当时的尧帝听说舜的孝行后，大加赞扬，特派九位侍者去服侍瞽叟夫妇，并将自己的女儿娥皇和女英嫁给舜，以表彰他的孝心，后来又把帝位禅让给了舜。人们赞扬说，舜由一个平民成为帝王纯由他的孝心所致。后人有诗赞曰："队队耕春象，纷纷耘草禽。嗣尧登帝位，孝感动天心。"

我们不能说孝老爱亲这个传统就是舜开创的，但是舜作为上古时期的一个有道圣君，其感天动地的孝行对后世的影响确是十分深远的。中国古代有一组流传甚远、尽人皆知的名为《二十四孝图》的组画，位居第一的就是舜的故事。这也从一个侧面证明，中国作为一个礼仪之邦，其源远流长的孝行传统与舜不无关系。孟子就曾极力推崇舜的孝行，倡导人们努力向舜看齐。他说："舜，

第五章 孝老德范载千秋 爱亲和美吟新曲

人也;我,亦人也。舜为法于天下,可传于后世,我由未免为乡人也,是则可忧也。忧之如何?如舜而已矣。"孟子还说:"大孝终身慕父母,五十而慕者,予于大舜见之矣。"

(图片来源:https://gs.ctrip.com/html5/you/travels/397/2558934.html)

孝老爱亲不仅是中华民族的优良传统和美德,也是中华民族传统价值观的核心和基石。从范畴上说,它既属于家庭伦理道德,也属于社会文明。就个体而言,它还是一个人的思想境界和行为准则。如果从思想境界和行为准则方面来看,孝老爱亲不仅是一种思想认识,也是一种情感,更是一种实践活动。

作为认识,孝老爱亲是一种来自直觉的朴素的认识,是出于对生命的敬畏、对生命本源的思考和认同而产生的一种自觉的、理智的认知。父母生了我们,把我们抚养大,父母老了,我们赡养父母、照顾父母乃理所当然,天经地义。作为一家人,生活在同一个屋檐下,兄弟、姐妹、婆媳、姑嫂、妯娌、叔侄……大家有共同的理想和利益,互相尊重、互相关心、互相爱护也理所当然,无须论证。反之,就被称之为大逆不道,"不道"就是违背认知,不合常理,有悖道德。

作为情感，孝老爱亲是一种感情上的贴近和交流。"孩子是娘的心头肉""闺女是妈妈的小棉袄"，兄弟关系叫"手足情"，夫妻关系叫"连理枝"，都是从感情角度讲家庭成员彼此之间的关系的。这种感情源自血缘和婚姻，更是在同一屋檐下长时间共同生活、劳动建立起来的互相依存，互相关爱。中国古代有"怡亲""悦亲"之说，讲的就是做子女的要让父母高兴，不惹他们生气，这也是孝。现在有些父母对已婚分家另过的子女，其要求不是给多少生活费，而是常回家看看，陪自己聊聊天。家庭成员之间的关系，不是赤裸裸的金钱关系，而是一种血浓于水的亲情关系。

作为实践活动，孝老爱亲重在做，要落实在具体的行动直至细节中。譬如"孝老"，就要求子女做到照顾父母的衣食起居，给父母生活费，护理伺候生病的父母。这些事无巨细的行动，要长期坚持，不能做一次两次就认为可以了。"孝"作为一种实践活动，要求子女既要细心，又要耐心，更要勤快。

2. 王希海——久病床前的大孝子

荣获2011年中国十大孝子提名奖的王希海是辽宁大连人，他26年如一日照顾因脑出血而成为植物人的父亲的故事感动了全国人民。

王希海家住大连市区，1980年，王希海的父亲因脑出血成了植物人，母亲体弱多病，弟弟又患有先天性肢体残疾，不能就业，全家的重担都落在了当时只有23岁的王希海的肩上。面对这样的情况，王希海先是放弃了去马来西亚工作的机会，后来又请长假照顾生活不能自理的父亲。当时他在心底向父亲承诺："一定照顾你活到80岁。"

第五章 孝老德范载千秋 爱亲和美吟新曲

从那以后，每天晚上，他都会每半个小时就给父亲翻一次身，每晚12时准时喂父亲吃下一天中的第5顿饭。为了让父亲躺着舒服，他用8个枕头垫在父亲后背、腿下等不同部位。母亲让儿子去工作，自己照顾老伴，可儿子不让，他说："你可不能病倒了，要那样，两个人我也伺候不过来呀。"2012年9月，王希海突然发现父亲身上有了淤青，他连忙送父亲去医院。一位从医40多年的老教授看到老人的身体状况后，问他老人瘫痪在床多长时间了，王希海说20多年了。老教授转身走了，因为他不相信一个老人瘫痪在床20多年，身体还能保持这么好。可没多久，老教授又流着眼泪回来了，他手中拿着王希海父亲厚厚的病例说："我从医40年了，从来没有见过像你这样伺候老父亲的。你父亲有福哇，一个父亲该享受到的，他都有了。你应该去医科大学给学生讲讲护理课，比起你来，他们做的太微不足道了。"

因为照顾父亲，年近五旬的王希海早已过了该成家的年纪，他放弃了工作，也放弃了婚姻，在他生命中最重要的就是父亲。他说："如果成了家，肯定会以小家为第一位。这么多年来，有许多人给我介绍对象，但我不能放弃父母，我首先要做好的是一个儿子的角色，我觉得很满足。"

到2004年，王希海实现了自己24年前的承诺，但他仍然和以前一样精心地护理父亲，他说，如果父亲能活到100岁，他就护理到100岁。

当记者采访时，王希海的母亲告诉记者，老伴虽然没法表达自己的感情，但儿子能读懂老人的每一个微笑的表情。"每天晚上，儿子会过来给他翻一次身，他也早已熟悉了儿子的脚步声。每到儿子过来时，他都会屏住呼吸，兴奋地等着儿子给他翻身。因为每次儿子都会给他按摩，让他舒舒服服，那是他最高兴的事。""希海给父亲吸痰时，我看了都难受。"因病瘫痪，王希海的父亲多年来都不会自己吐痰，经常被痰噎着，为此，王希海专门买了一条胶皮管。每次，王希海都把管子的一头伸到父亲的嗓子里，另一头放到自己的嘴里，用力地把父亲的痰吸到自己的口中，然后再吐出来。几十年来，他从来没有感觉到恶心。为了给父亲刷牙，王希海想尽办法：先是用牙刷，后来发现牙刷会损害父亲的牙齿；又改用棉签、纱布擦，这也不行；后来，他从给君子兰淋水中获得了启发，用喷壶装温水向父亲嘴里喷。

提起王希海，一位老邻居说："现在有的子女总是想着跟父母要钱、要房子，有的人甚至把老人赶出家门，但希海为了老父亲，把自己的一切都牺牲了，舍弃了，这不是一般人能做到的。"

王希海精心护理父亲的事迹被媒体报道后，深深地感动了全国人。当地政府及一些企业、个人向他伸出了援助之手。从2000年起，他所在的站北街道为他办理并破格提高了低保标准，社区每月免费送来两箱牛奶，大连市第二人民医院经常送来日常需要的药品，社区服务中心每月为他父亲免费检查一次身体。一家企业也与他结成了帮扶对子，吸纳他为企业的正式职工，享受企业职工的待遇，使王希海没了后顾之忧。还有一些企业要为他捐款，北京的一位女士甚至要出几十万元在大连为王希海买一套房子，并表示要嫁给他，但都被王希海婉言拒绝了。他说："伺候自己的父亲是应该的，天经地义的，党和政府给我的帮助已经够多了，我不能以这个名义敛财。"2006年，父亲去世后，王希海又开始做义工回报社会，回报好心人，他也应邀多次到社区、医院、学校讲座，把他26年来掌握的护理知识和对孝道的理解传达给社会上更多的人。

第五章　孝老德范载千秋　爱亲和美吟新曲

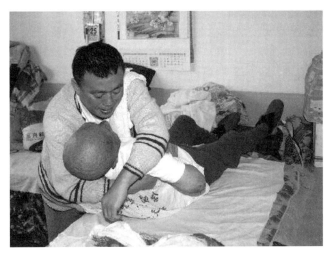

（图片来源：http://tieba.baidu.com/p/5491124036）

人们常说"久病床前无孝子"，王希海却能够做到26年如一日，悉心照料卧病在床的植物人父亲，他的"孝"靠的是对父亲的感情，是为人子的理智，是牺牲自我的精神，更是细心、耐心和无数细节堆积起来的坚持不懈的日常行动。

我们知道，家庭是社会的细胞，也是我们观察社会的窗口。作为构成家庭成员的每一个人，无论长幼，无论男女，都有责任爱护家庭、建设家庭，都要维护家庭在社会上的形象，因为家庭是他们共同生活的地方，是为他们遮风挡雨的地方。家庭不是集市，不是车站，不是商场，这里的人不是乌合之众，每一个人也都不是匆匆的过客，大家在这里要共同生活几十年或更长时间。那么，为了维护这个家庭的团结、稳定，让每个家庭成员都能幸福、快乐，为了这个家的兴旺和发展，为了后代子孙健康成长、大有作为的百年大计，就需要一种无形的或有形的东西来指导、约束、规范每一个成员的言行，让大家共同遵守、一起奉行，最终形成一种持久、稳定的良好家风，代代相传。孝老爱亲就是我们祖先找到的治家良方。

　　自有家庭开始，我们中华民族就非常讲究孝老爱亲，在不断实践、不断总结、不断充实的过程中，逐渐形成了一整套的理论、规范和礼仪、习俗，以至成为一种优良的文化传统。这种文化传统已经融入中国人的血脉中，铭刻在中国人的心灵里，沉淀为我们宝贵的价值体系，成为支撑中华民族生生不息、薪火相传的重要精神力量，是家庭文明建设的宝贵精神财富。

　　构成孝老爱亲的基础有很多，有血缘关系、婚姻关系，还有共同生活的时空条件，但孝能成为一种文化，仅仅靠血缘、婚姻和共同生活的时空条件是不够的，更应该有最重要的哲理基础。哲理基础是什么？汤一介先生经过认真研究认为，构成孝文化的哲理基础应该是孔子的"仁学"。《论语·学而篇》中记有孔子的弟子有子的一段话："……孝悌也者，其为仁之本欤！"在《孝经》的《序》中也有一段类似的话："孝者，德之本欤！"这就告诉我们，孝的根本点和出发点是"仁"是"德"，这里的仁和德意思大体相同。樊迟问仁，子曰："爱人。"孔子还说："仁者，人也，亲亲为大。""亲亲为大"，意即"热爱父母是最高境界"。这些微言大义的话，深刻地阐释了"仁""亲""爱""孝"的内在关系，揭示了孝文化的哲理基础。

　　"孝"在中国，作为一种文化，是有着丰富的内涵的。有学者经研究指出："孝"字包含着尊亲、养亲、顺亲、悦亲、礼亲、谏亲、显亲、光亲、延亲等多种含义，体现的是感恩、仁爱和责任这三种人文精神，博大而精深。

　　在中华民族价值观体系中，孝处于基础和核心地位，没有孝，其他都无从谈起。从传统文化的角度看，"孝"可以说是我们中国人的宗教和终极价值追求，是我们中华民族文化绵延不断的原因。

中国古人行孝，是有礼仪支撑的。礼仪如丧葬礼和祭祀礼等，还形成了如取名、服饰、饮食、节日等相关习俗，这些都共同构成了一种文化现象，值得我们深思和研究。

孝老爱亲是一种贯穿几千年的传统价值观，这和我们今天倡导并努力践行的社会主义核心价值观是否矛盾？我们说两者不仅不矛盾，而且孝老爱亲也应该是社会主义核心价值观的应有之义，完全符合新时期公民道德体系建设的要求。社会主义核心价值观中的"文明""和谐""友善"这三条，就与孝老爱亲密切相关。从这个意义上讲，倡导孝老爱亲正是对社会主义核心价值观的具体践行，其现实意义巨大，历史意义深远。

应该指出的是，古人所推崇的孝文化、所倡导的孝老爱亲，包含着很多不适合现代社会的负面的东西在内，充斥着一些封建礼教的因素和不平等、非人性的内容，还有很多繁文缛节。譬如："不孝有三，无后为大""父母之命、媒妁之言"，《二十四孝图》中的"郭巨埋儿""老莱娱亲"等。在努力建设现代化强国的今天，我们提倡孝，提倡孝老爱亲，对这个概念要重新界定，赋予它新的内涵，剔除陈腐观念，充实民主、平等等现代意识，使之成为建设社会主义文明的强大精神力量。

（二）听古圣先贤怎么说

"孝""爱"二字是与人类共生共存的可贵感情和道德，对历史悠久、源远流长的中华民族而言，更是一种优良传统和美德。在浩如烟海的中国古代典籍中，关于孝的论述数不胜数，这些论述，连同历朝历代、不同地区的有关礼制和风俗以及载入口碑的生动故事，共同构成了博大精深而又特色鲜明的中华孝文化。《诗经》《尚书》《易经》《礼》《道德经》《左传》等都有很多诗文记述孝，汉及唐、宋、明以后，关于对孝老爱亲尤其是孝的论述更多，几乎见于所有名人的著作，可见，我们的古人对这个问题是何等重视。下面，我们挑选几部古代著作和几个古代名人对此的论述。

对"孝"论述得最深刻并深入人心的是《论语》《孟子》和《孝经》。

1.《论语》论孝老爱亲

《论语》是儒家经典著作，语录体，全书共72篇，是孔门弟子及再传弟子关于孔子言行的记录。这本书也记录了孔子及其弟子关于孝老爱亲的多则对话，从中可以看出孔子及儒家学派的孝道、孝行观。比较重要的句段有：

子曰："弟子入则孝，出则悌，谨而信，泛爱众，而亲仁。行有余力，则以学文。"（《学而》）

子曰："父在，观其志；父殁，观其行；三年无改于父之道，可谓孝矣。"（《学而》）

有子曰："其为人也孝悌，而好犯上者，鲜矣；不好犯上，而好作乱者，未之有也。君子务本，本立而道生。孝悌也者，其为仁之本欤！"（《学而》）

孟武伯问孝，子曰："父母惟其疾之忧。"（《为政》）

或谓孔子曰："子奚不为政？"子曰："《书》云：'孝乎惟孝，友于兄弟，施于有政。'是亦为政，奚其为为政？"（《为政》）

季康子问："使民敬、忠以劝，如之何？"子曰："临之以庄，则敬；孝慈，

则忠；举善而教不能，则劝。"（《为政》）

子游问孝。子曰："今之孝者，是谓能养。至于犬马，皆能有养；不敬，何以别乎？"（《为政》）

孟懿子问孝。子曰："无违。"樊迟御，子告之曰："孟孙问孝于我，我对曰'无违。'"樊迟曰："何谓也。"子曰："生，事之以礼；死，葬之以礼，祭之以礼。"（《为政》）

子贡问曰："何如斯可谓之士矣？"子曰："行己有耻，使于四方，不辱君命，可谓士矣。"曰："敢问其次。"曰："宗族称孝焉，乡党称悌焉。"（《子路》）

子曰："孝哉，闵子骞！人不间于其父母昆弟之言。"（《先进》）

2.《孟子》论孝老爱亲

《孟子》为战国时期大儒孟轲与弟子合著。孟子认为行孝重于"王天下"，他尤其重视"悦亲"，并强调"孝"的实践性。《孟子》一书中言及孝老爱亲者有二十之多。比较重要的有：

亲亲，仁也；敬长，义也。（《尽心上》）

君子有三乐，而王天下不与存焉。父母俱存，兄弟无故，一乐也；仰不愧于天，俯不怍于人，二乐也；得天下英才而教育之，三乐也。（《尽心上》）

孝子之至，莫大乎尊亲。（《万章上》）

不得乎亲，不可以为人；不顺乎亲，不可以为子。（《离娄上》）

事，孰为大？事亲为大。守，孰为大？守身为大。不失其身而能事其亲者，吾闻之矣；失其身而能事其亲者，吾未之闻也。（《离娄上》）

老吾老以及人之老，幼吾幼以及人之幼。天下可运于掌。（《梁惠王上》）

孟子曰："未有仁而遗其亲者也，未有义而后其君者也。"(《梁惠王上》)

五亩之宅，树之以桑，五十者可以衣帛矣；鸡豚狗彘之畜，无失其时，七十者可以食肉矣；百亩之田，勿夺其时，数口之家可以无饥矣；谨庠序之教，申之以孝悌之义，颁白者不负戴于道路矣。七十者衣帛食肉，黎民不饥不寒，然而不王者，未之有也。(《梁惠王上》)

人人亲其亲，长其长，而天下太平。(《离娄上》)

世俗所谓不孝者五：惰其四支，不顾父母之养，一不孝也；博弈好饮酒，不顾父母之养，二不孝也；好货财，私妻子，不顾父母之养，三不孝也；从耳目之欲，以为父母戮，四不孝也；好勇斗狠，以危父母，五不孝也。(《离娄下》)

3.《孝经》论孝

《孝经》是专门谈孝的经书，也是历代的教化工具。这部书不仅确立了孝的地位，认为孝乃天经地义，是人伦的本源，而且界定了孝的概念和三重境界（"事亲""事君""立身"），疏通了孝和忠的关系，并具体论述了行孝的五个层次（"天子之孝""诸侯之孝""卿大夫之孝""士之孝"和"庶人之孝"）。全书共十八章，其中虽不乏陈腐之论，但也有很多精辟的观点。如：

夫孝，天之经也，地之义也，民之行也。

先王有至德要道，以顺天下，民用和睦，上下无怨。

夫孝，德之本也，教之所由生也。

爱亲者，不敢恶于人；敬亲者，不敢慢于人。爱敬尽于事亲，而德教加于百姓，刑于四海，盖天之子孝也。

中国古代蒙学读物中涉及孝老爱亲的内容更多，如《小学》《三字经》《名物蒙求》《幼学琼林》《小儿语》《老学究语》《好人歌》《龙文鞭影》《幼学诗》《增广贤文》《名贤集》《太平天国三字经》等，最典型的当属《弟子规》。

4.《弟子规》论孝老爱亲

《弟子规》是以学规、学则的形式进行伦理道德教育的启蒙课本。初名《训蒙文》，是清代学者李毓秀根据朱熹的《童蒙须知》改编而成，后经儒士贾存仁修订，更名为《弟子规》。这本书采用三言体的歌谣形式编写，是对孔子"弟子入则孝，出则悌，谨而信，泛爱众，而亲仁。行有余力，则以学文"这段话做的通俗阐释。此书问世后大受欢迎，被很多乡学、村学选为教材，流行甚广。这本书中有近三分之一的内容是谈孝老爱亲的，如总序中的"弟子规，圣人训，首孝悌，次谨信。泛爱众，而亲仁"。在第一篇"入则孝"中，作者用了56句168字从不同侧面阐释"孝"的内容和具体要求，甚至涉及一些细节问题，具有很强的操作性：

父母呼，应勿缓。父母命，行勿懒。父母教，须敬听。父母责，须顺承。冬则温，夏则凊。晨则省，昏则定。出必告，反必面。居有常，业无变。事虽小，勿擅为。苟擅为，子道亏。物虽小，勿私藏。苟私藏，亲心伤。亲所好，力为具。亲所恶，谨为去。身有伤，贻亲忧。德有伤，贻亲羞。亲爱我，孝何难。亲憎我，孝方贤。亲有过，谏使更。怡吾色，柔吾声。谏不入，悦复谏。号泣随，挞无怨。亲有疾，药先尝。昼夜侍，不离床。丧三年，常悲咽。居处变，酒肉绝。丧尽礼，祭尽诚。事死者，如事生。

在第二篇"出则悌"中，作者用了44句132字阐释了"悌"的内容和具体要求：

兄道友，弟道恭。兄弟睦，孝在中。财物轻，怨何生。言语忍，忿自泯。或饮食，或坐走。长者先，幼者后。长呼人，即代叫。人不在，己即到。称尊长，勿呼名。对尊长，勿见能。路遇长，疾趋揖。长无言，退恭立。骑下马，乘下车。过犹待，百步余。长者立，幼勿坐。长者坐，命乃坐。尊长前，声要低。低不闻，却非宜。进必趋，退必迟。问起对，视勿移。事诸父，如事父。事诸兄，如事兄。

在"泛爱众"和"亲仁"篇中，也有很多句子涉及孝老爱亲内容。

凡是人，皆须爱。天同覆，地同载。

客观地讲，《弟子规》中确有部分内容包含封建礼教，而且有些繁文缛节也不符合现代文明礼仪，但就整体而言，它的绝大部分内容在今天看来依然不过时。

5. 中国古代家训中的孝老爱亲

家训是中国古代文化中的一道独特风景。我们翻看历代名人家训，几乎无一例外地都涉及孝老爱亲的内容，而且把它放在一个十分重要的地位。读读这些家训，咀嚼其谆谆教诲，可以体察出其对家族后代的殷切期望和良苦用心。

司马迁在《史记·太史公自序》中写到父亲司马谈对自己的训示："且夫孝始于事亲，中于事君，终于立身。扬名于后世，以显父母，此孝之大也。"

北齐颜之推著《颜氏家训》云："夫风化者，自上而行于下者也，自先而施于后者也。是以父不慈则子不孝，兄不友则弟不恭，夫不义则妇不顺矣。"

又云："生子咳㖷，师保固明孝仁礼义，导习之矣。"又云："虽百世小人，知读论语、孝经者，尚为人师；虽千载冠冕，不晓书记者，莫不耕田养马。"

唐代柳玭《柳氏叙训》中有云："每闻先公仆射与太保房叔祖讲论家法，莫不立己以孝悌为基，以恭默为本，以畏怯为务，以勤俭为法……"

宋代欧阳修在名文《泷冈阡表》中记载其母教导他继承弘扬父德云："呜呼！其心厚于仁者邪！此吾知汝父之必将有后也。汝其勉之！夫养不必丰，要于孝；利虽不得博于物，要其心之厚于仁。吾不能教汝，此汝父之志也。"

明代方孝孺在《侯城杂训·齐家》中云："父子兄弟务敦孝友，不以思之偏溺而妨天伦所当重；夫妇长幼务修恭顺，不以爱之偏徇而掩人纪所为。至若事君务守法尽忠，以供其职，勿伤伦败类以违其令。此则合其类以经之然也。"

林则徐是晚清时期著名民族英雄、爱国政治家。他在《林则徐家书》中写到："字渝聪彝儿，尔兄在京供职，余又远戍塞外，惟尔奉母于弟妹居家，责任綦重。所当谨守者有五：一须勤读敬师，二须孝顺奉母，三须友于爱弟，四须和睦亲戚，五须爱惜光阴。"

清代吴汝纶在《谕儿书》云："凡为人先从孝友起，孝不但敬爱生父，凡伯父、叔父，皆当敬爱之；不但敬爱生母，凡嫡母、庶母、伯母、叔母，皆当敬爱之，乃谓之孝。友则同母之兄弟姐妹，同祖之兄弟姐妹，同曾祖之兄弟姐妹，皆当和让，此乃古人所谓亲九族也。读书不知此，用书何为？"

曾国藩是中国近代著名政治家，被誉为晚清中兴第一名臣，千古完人，官场楷模，"立功、立言、立德三不朽"，并有中国最后一位大儒之称。他非常重视家教和孝道，并著《曾国藩家书》告诫后代子孙。他有一句名言："读尽天下书，无非一孝字。"

6. 孙中山、毛泽东、习近平论孝老爱亲

到了近现代，经过革命的洗礼，社会进步，民智大开，但人们并没有忘记中华民族的优良传统，没有放弃孝老爱亲的传统美德，而且更重视家风、家教等家庭道德建设。

中国民主革命的先行者、国父孙中山先生就非常重视孝老爱亲。关于思想建设和精神文明，他提出了著名的"四维八纲"说——孝、悌、忠、信、礼、义、廉、耻，孝被排在了第一位。他说："讲到孝，我们中国尤为特长，尤其比各国进步得多，所以，孝字是不能不要的。国民在民国之内，要能够把忠孝二字讲到极点，国家便自然可以强盛。"

毛泽东主席在1944年中共中央召开的宣传工作会议上指出："我们还要提倡父慈子孝——我们主张家庭和睦，父慈子孝，兄爱弟敬，双方互相靠拢，和和气气过光景。"

习近平总书记对孝行孝道更是有过多次的论述。他在2015年、2017年、2019年春节团拜会上的三次讲话中都提到了孝老爱亲建设家庭文明问题。

在2015年的讲话中，他指出，中华民族自古以来就重视家庭、重视亲情。家和万事兴、天伦之乐、尊老爱幼、贤妻良母、相夫教子、勤俭持家等，都体现了中国人这种观念。"慈母手中线，游子身上衣。临行密密缝，意恐迟迟归。谁言寸草心，报得三春晖。"唐代诗人孟郊的这首《游子吟》，生动表达了中国人深厚的家庭情结。

2016年12月12日，习近平总书记在百忙中亲切接见了第一届全国文明家庭代表，并发表了热情洋溢的讲话。他在讲话中指出："正所谓'天下之本在家'。尊老爱幼、妻贤夫安、母慈子孝、兄友弟恭、耕读传家、勤俭持家、知书达理、遵纪守法、家和万事兴等中华民族家庭传统美德，铭记在中国人民的心灵中，融入中国人民的血脉中，是支撑中华民族生生不息、薪火相传的重要精神力量，是家庭文明建设的宝贵精神财富。"

在2017年的讲话中，他指出："当今社会快速变化，人们为工作废寝忘食，为生计奔走四方，但不能忘了人间亲情，不要在遥远的距离中隔断了亲情，不要在日常的忙碌中遗忘了亲情，不要在日夜的拼搏中忽略了亲情。"

在2019年的讲话中，他再一次指出："我们要在全社会大力弘扬家国情怀，培育和践行社会主义核心价值观，弘扬爱国主义、集体主义、社会主义精神，提倡爱家爱国相统一，让每个人、每个家庭都为中华民族大家庭作出贡献。"

纵览古圣先贤对孝老爱亲的论述，从中可以看出，中国人对家庭道德文明、对孝老爱亲问题是何等重视，研究又是何等深入。这是我们提倡孝老爱亲、弘扬孝文化重要的指导思想。

（三）孝情非小道，事关家国兴

孝老爱亲作为家庭道德文明，其作用不容小觑。

第一，孝老爱亲作为家庭伦理道德的最高要求，对于树立良好家风，构建家庭文明，维护家庭稳定，增进家庭成员之间的团结，促进家庭的兴旺和发展，具有重要的意义。

生活在共同屋檐下的家庭成员，彼此之间有着血缘关系或婚姻关系，朝夕相处，都是亲人。大家有感情基础，有共同的生活空间，有共同的利益，有共同的追求，荣辱与共，利害相关。如果家庭和谐、关系融洽、互相尊重、互相关心、父慈子孝、兄敬弟恭、媳妇贤惠、夫妻和睦、姑嫂相安、笑声不断，那么这个家庭就笼罩在一种祥和的气氛中，生活的幸福指数和生产的效率就高，居家的人安心，在单位工作的人放心，老人舒心，孩子开心，做事情齐心，而且也有利于身心健康。一家人一起吃饭，一起看电视，一起劳动，一起逛街，一起旅游，亲亲热热、和和睦睦，这是人间最美的风景。为什么在有的家庭中看不到这道风景？没有形成这种祥和的文明气氛？就是因为不重视家教，不重视家风建设，忽视孝道。在这方面，作为家长的父母承担着重要的责任。做父母的家长不仅要身体力行，带头行孝，对自己的父母恭敬、亲近、孝顺，对子女晚辈尊重、疼爱、关怀，对街坊邻里友好、亲和，还要时时地教育子女、晚辈，让他们明白什么是孝，什么是亲，明白如何行孝、爱亲。而且要制定家规，从举手投足抓起，从细节抓起。比如对老人，每天给老人请安，生日给老人祝寿，节日给老人买礼物，给老人打洗脸水，给老人洗脚、剪指甲，给老人做可口饭菜，经常陪老人聊天、唠家常，外出时给老人打电话，远处工作者常回家看看，尊重老人的生活习惯和爱好，经常给老人零花钱，定时陪老人体检，老人住院时精心陪护，等等。做到了这些，并且形成习惯，变成家庭生活之必须，那么，良好的家风就会形成。这种家风一经形成，就注定了这个家庭的幸福、安康和兴旺发达。即便是生活出现了困难，或发生了意外，这样的家庭也能平稳地渡过难关、化险为夷。"人心齐、泰山移""家和万事兴"说的就是这个道理。

第二，从长远利益考虑，提倡孝老爱亲，形成良性、持久的家庭文明，有利于家庭后代子孙的成长和成才。

第五章　孝老德范载千秋　爱亲和美吟新曲

古人常说，"十年树木，百年树人"，这"百年树人"，指的就是对后代子孙的培养和教育。这种培养和教育是多方面的，其中一个重要方面就是用良好的家风去熏染、浸润他们。父母言传身教，率先垂范，子女就会模仿、学习，耳濡目染、经年累月、长此以往，就会形成良好的道德观和生活习惯，其立身行事就会约束自己，不会胡来，无论是读书还是劳动，无论是在家还是在外，无论是对己还是对人，都会有规矩，有准则。"百善孝为先"，以孝道培育后代，确是"百年树人"之举。用孝道教育出来的后代，绝不会出现纨绔子弟，历史上很多成功者都出于孝子之门，在这方面，曾国藩的曾氏家族就是一个典型的案例。

曾国藩家族后代皆英才

曾国藩教育后代的具体做法、成功经验见于《曾国藩家书》，其精髓是"八本""治家八诀""三致祥"和"四字诀"，核心内容是一"孝"字。如"八本"中的"事亲以得其欢心为本"即以"孝"为根本；"治家八诀"即"书、蔬、鱼、猪、早、扫、考、宝"，其中的"考"即祭祀祖宗，说的也是一个"孝"字；"三致祥"即"孝致祥、勤致祥、恕致祥"，第一即强调"孝致祥"；"四字诀"即"勤、俭、孝、友"，其中"孝""友"就是"尊老爱亲"。

曾国藩还赠给九弟一副对联：

　　入孝出忠，光大门第；

　　亲师取友，教育后昆。

让文明流行起来

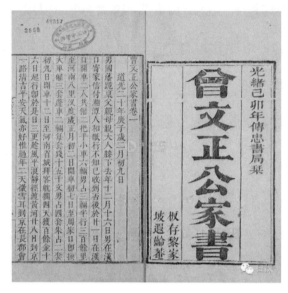

（图片来源：https://diyitui.com/content-1431757966.30445800.html）

由于重视孝道，重视家风建设，曾氏家族的后代人才辈出，代有英才，长盛不衰，大有作为者不可胜数，这在中国历史上是极为罕见的。曾国藩共有3个儿子、6个女儿、8个孙子、4个孙女——截至目前，曾国藩五兄弟的后人已经绵延到第八代，有突出成就者多达240多人，分布在外交、教育、化学、文学、艺术等多个领域，而且遍及海内外。在外交和文化交流领域，有曾纪泽、曾广铨、曾约农、曾宝荪、曾宪森等；在数学及相关领域，有曾纪鸿、曾广钧、曾昭权、曾昭桓、曾宪源、曾宪琪、曾宪澄、曾卫等；在化学领域，有曾广植、曾昭氚、曾昭抡等；在文化艺术领域，有曾昭杭、曾昭燏、曾绍杰、曾宪涤、曾宪杰、曾宪楷、曾宪榮等；在军政实业领域，有曾国葆、曾广泰、曾广荣、曾昭承、曾绍杰等；在医学领域，有曾宝菡、曾宪森、曾宪文、曾宪衡、曾昭懿、曾宪订等；在农业科技领域，有曾宪朴；在铁道交通方面，有曾昭桓、曾昭亿；在电机学领域，有曾昭权。在曾氏家族后代中，还有一批杰出女性，如曾宪植等。如果把曾氏家族的媳妇和外孙、外孙女、重外孙、重外孙女等算起来，曾氏家族简直是一个奇迹。

和曾氏家族类似的家庭在中国古代和近代还有很多，如江南钱塘钱氏家族、广东新会梁启超的梁氏家族，其后人中多有成就者。由此可见，重视孝老爱亲教育，树立良好家风，确实是关乎后代子孙健康成长和成才的千秋大业。

第三，提倡孝老爱亲，有利于整个社会良好风气的形成，进而影响并推动整个社会文明程度的提高。

家庭是社会的窗口，家庭文明的高度反映的是社会文明的高度，家庭文明搞得好，推而广之，社会文明也跟着水涨船高。关于这点，要从两个方面来认识：一方面，对自己的老人孝顺，对自己的家人敬爱、尊重，有了这种道德品质和文明礼仪，出门在外，见到比自己年长的、和自己同龄的、比自己年少的人也会产生一种敬重、亲爱和关怀之心，这就是孟子所说的"老吾老以及人之老，幼吾幼以及人之幼"。如果人和人之间都形成这样一种互敬互爱、互相尊重、互相关心的关系，那么整个社会的矛盾就会减少，人与人之间的信任度就提高，社会的和谐程度也就提高了。另一方面，孝老爱亲的家庭道德文明的形成，对助人为乐、见义勇为、诚实守信、敬业奉献等其他社会道德文明的形成，也有至关重要的促进作用。一个在家孝父母、敬兄长、爱孩子的人，在社会上遇到有人需要帮助时，他绝不会袖手旁观，他做生意时，也绝不会欺骗顾客，他在单位工作时，也不会耍滑偷懒，他在路上拾到钱物时，也不会私藏起来。反之，那些在社会上打架斗殴、做生意不讲信用、在单位工作时斤斤计较，甚者欺行霸市、偷盗抢劫、吃喝嫖赌、杀人越货者，在家里也多半是不孝父母、不爱兄弟姐妹、不爱老婆孩子、不懂亲情的人。

第四，提倡孝老爱亲，建设家庭道德文明，也能够促进经济发展。

生产、贸易和经济建设，需要有一个良好的社会环境，需要一种和谐、互信、互助的文明的人际关系。事实证明，一个民风淳朴、社会治安良好的地区，投资商就愿意来。良好的社会风气就是良好的营商环境，作为软实力，会拉动经济的增长。从另一个方面讲，一个人的劳动态度、劳动技术、服务态度和管理水平也直接影响生产效率和产品质量，归根结底，这些都与人的素质有关。在现实生活中，我们经常看到一些假冒伪劣产品，经常看到一些豆腐渣和半拉子工程，经常看到一些人欺骗消费者，经常看到一些无良老板克扣、拖欠工人工资，这些现象的出现，和人的道德水准、思想境界、个人修为息息相关。

我们经常看到有些地区为抓经济不惜以牺牲自然环境为代价，结果，经济暂时搞上去了，自然环境却被破坏得一塌糊涂。习近平总书记说："青山绿水就是金山银山。"对自然环境的呵护、对青山绿水的保护，这种"爱"和孝老爱亲的"爱"，性质是相同的，追本溯源，也应该是源自良好的家庭教养和个人修为。一个充满爱心的人对大自然同样会充满大爱之心。

为了钱，什么都不要了，这是有些人、有些地区的宗旨，这种做法，只能得利于一时，不能得利于永远。从社会经济学的角度看，这也是违背经济规律的错误做法，于经济发展十分有害。

第五，孝老爱亲也有利于提高中华民族的凝聚力，有助于中华文化走向世界，推动世界和平。

孝老爱亲是民族精神，孝文化也是民族凝聚力的核心。孝本身就含有认祖归宗的意思，祖国就是我们的父母之邦，孝这种认祖归宗意识就是中华民族族类认同与团结、爱国爱邦精神的源泉。早在1939年，潘光旦先生就著文《论"对民族行其大孝"》，论述了孝和民族的内在联系。他指出："从孝的基本精神中可以推演出对民族的大孝，即为民族兴旺和进步创造财富，创造文化，为民族尊严而死，为民族延续而生。"潘先生认为"血统与道统是文明民族文化里最基本的两个观念"，而孝意识之所以是中华民族一般形态和凝聚力的核心，是因为一个民族的生存、繁衍和发展的潜在根系都是以血统为脉络而分流下去的。孝意识联系了小宗和大宗，也连贯了各宗各派，把不同行业、不同地域和不同背景的人整合成一个感情和精神共同体。一个民族的今人和古人、领袖与民众、此处人和彼处人、本土人与侨外人之间，贯穿连通思想文化根脉的主要是孝意识。孝文化在中国历史的发展过程中，也一直发挥着促进民族团结与融合的作用。例如，夏、商、周三代变更，并没有引起民族之间的仇杀，这是因为传说中的夏族、商族、周族出于同一祖先——黄帝，同族同宗的意识，成为民族认同的黏合剂。承认自己是炎黄子孙，是对祖先的孝，也是对国家的热爱和忠诚。在全民族万众一心建设中国特色社会主义社会，实现中华民族伟大复兴的今天，提倡孝老爱亲也必将有利于增强民族凝聚力，有利于构建中华民族共同的精神家园，有利于促进国家的早日统一。

■ 二、孝老爱亲浸润亲情

在五千年悠久的中国历史上，历朝历代，从古到今，孝老爱亲的故事层出不穷，蔚为大观，有的轰轰烈烈，感动朝野，有的朴朴实实，大爱无声。下面我们从众多的故事中选取了几个，大家可以通过阅读，触摸古往今来浓浓的亲情爱意，感受孝文化巨大的道德力量，体会亲情无坚不摧的精神威力，感受家庭文明给人间、世界带来的盎然春意。

（一）李密——一篇《陈情表》，千载孝亲情

李密是蜀武阳（今四川彭山区）人，生逢乱世，由蜀入晋。他刚生下6个月，父亲就病死了。在他4岁时，母亲何氏又被舅舅逼迫改嫁。当时，家里只有他和相依为命的祖母，抚养他的责任就落在了年迈多病的祖母身上。

祖母刘氏是个有志气、十分刚强的女人，望着自己可怜的孙子没人抚养，心里很难过，同时也觉得自己应该坚强起来，一定要把孙子抚养成人。

李密小时候经常生病，9岁时才学会走路，但他非常聪明，读书过目不忘，并且从小就知道孝顺祖母，和祖母形影不离，从不惹祖母生气，还常常安慰祖母。到他自己能干活了，他就帮助祖母做家务。祖母病了，他一连几天晚上不脱衣服在祖母身边伺候。给祖母喂药、喂饭、喂水，他总是自己先尝一下凉热，然后才喂给祖母。他亲手给祖母洗脸、更衣、端屎端尿，寸步不离她左右。

祖母96岁、李密44岁那年，晋武帝听说他是个人才，要起用他当侍奉太

子的东宫洗马，并命令地方官催他火速到任。李密接到圣旨后，左右为难：一方面是圣旨在上，君命难违，另一方面是祖母年高，急需照顾。两相比较，亲情唯上，李密果断地作出了选择，宁可违抗君命，也要在家伺候祖母。于是，他提起笔给晋武帝写了一封信，这就是千古传诵的《陈情表》。在信中，他向晋武帝坦诚地诉说了自己的困难处境，深情地回忆了祖母抚养自己的艰辛历程，表达了自己不能赴任的意愿。他说："臣无祖母，无以至今日；祖母无臣，无以终余年。母孙二人，更相为命，是以区区不能废远。"又说："臣密今年四十有四，祖母今年九十有六，是臣尽节于陛下之日长，报养刘之日短也。乌鸟私情，愿乞终养。"标榜以孝治天下的晋武帝看了这封信，被李密孝敬祖母的真心诚意所打动，于是就批准了他的请求。

祖母去世时，李密悲痛欲绝。丧期终了，他才应诏做官。

这篇《陈情表》被誉为"千古至孝之文"，而李密也被时人赞为"至孝之人"。要知道在那个"君命难违"的时代，"辞不赴职"是要被杀头的，但李密为了伺候祖母，为了报答祖母的养育之恩，为了孝情，竟然甘冒杀头的风险，其由孝心滋生出来的勇气是多么巨大。

（二）缇萦救父——孝心和勇气成就的千古佳话

缇萦和南北朝时代父从军的木兰一样，都是中国历史上有名的孝女，汉文帝就是因为缇萦这个小女孩的陈情而废除了肉刑。

缇萦的父亲叫淳于意，齐国临淄（今山东省淄博市临淄区）人，是西汉初年名医，医术高明，救死扶伤，远近闻名。

汉文帝四年，当地一个豪强诬告淳于意治死人命，并买通地方官把他逮捕，准备押到长安处以剕刑（砍去双脚）。临走之前，淳于意悲愤地对5个女儿说："可惜你们都不是男子，家中出了这么大的事，谁也救不了我。"小女儿缇萦看到父亲难过的样子，挺身而出，她对父亲说："女儿虽小，甘愿为父亲解忧。"于是她长途跋涉，历尽艰辛，跟随押解囚车到了京师长安，冒死向皇帝上书，申诉父亲的冤屈。她首先向汉文帝陈述了剕刑的害处，并说明了父亲做官时清廉爱民，行医时施仁济世，现在却遭人迫害，自己不忍心看到他遭受身体上的折磨，愿意代父受刑。她说："小女子愿被贬为官奴，替父赎罪。"汉文帝被缇萦的孝心所感动，便赦免了淳于意，并接受了缇萦的建议，下令免除剕刑。

缇萦救父之所以能够成功，一是因为孝心，二是因为非凡的勇气，但非凡的勇气也来源于孝心。这个故事后来被列为"二十四孝"之一，成为佳话。

（三）方观承兄弟——跋涉千里为探亲

在安徽桐城，至今还流传着一个孝子千里探亲的故事。故事发生在清朝乾隆年间，故事的主角是方观承兄弟二人。

方观承的祖父、父亲都是朝廷命官，因受文字狱株连被免官流放到黑龙江充军服役，方家的家产也被充公。年幼的方观承兄弟无依无靠，只好到寺庙栖身。在寺庙中，方观承兄弟终日以泪洗面，备尝艰辛，但他们最惦记、牵挂、想念的还是远在几千里之外的祖父和父亲。兄弟二人商量之后，终于在一天鼓足勇气，向寺庙住持提出请求，要前往边疆探望长辈。住持考虑到二人年幼，尽管孝心可嘉，但山长水远，怕路途出事，便拒绝了他们的要求。方观承跪在住持面前，哭着请求："祖父、父亲遥在天涯，对家中亲人望眼欲穿，我们若能前往，定会增添些许慰藉。为给二老一点安慰，我们即使受点折磨，遭受点苦难，也在所不惜。恳请长老恩准，让我们启程。长老如果不允许，我们就永远跪在这里。"方家兄弟的孝心和坚决的态度感动了住持，住持终于答应了他们的请求，并为他们准备了盘缠，最后含泪目送兄弟二人踏上探亲路程。

一路上，兄弟二人风餐露宿，跋山涉水，忍饥挨饿，搀扶相行，衣服破成了条，脚上磨出了老茧，但他们凭着一颗孝心，克服了难以计数的无法想象的困难，于几个月后终于走到了黑龙江，见到了二老。见到兄弟二人，祖父、父亲疑在梦中，简直不敢相信眼前的事实。四人抱头痛哭，场面就像后来电影、电视剧中的场景一样，感动了在场的所有人。

千里探亲的方氏兄弟，用古代的标准来衡量，是"至诚""至纯""至孝"。对于身处逆境的被流放的长辈，用亲情来安慰其受伤的心灵，是再好不过的良药；反观时下那些在亲人伤口撒盐、雪上加霜的人，简直伤天害理，大逆不道。

（四）邢连凤——带着公公出嫁的"好媳妇"

在山东省临沂市蒙阴县，一提起邢连凤，知者无不伸出大拇指称赞。

1967年1月出生于蒙阴县野店镇焦坡村的邢连凤，1987年与本村青年李法兴结婚。婚后，小两口恩恩爱爱，相敬如宾，丈夫勤快，妻子贤惠，女儿可爱，小日子过得甜甜蜜蜜。可谁知天有不测风云，1991年丈夫不幸患上了淋巴癌，这无异于晴天霹雳。婆婆早逝，公公年迈，女儿幼小，艰难的生活重担一下子落在了邢连凤的肩上。为了给丈夫治病，为了这个家，性格倔强的邢连凤毅然用柔弱的双肩挑起了这副重担。5年里，丈夫先后进行了5次手术，并到济南进行了一年多的化疗，不仅花光了家里的全部积蓄，还欠下了6万多元的债。在为丈夫治病的那几年里，她家里、医院两头跑。在家里，她精心照料老小，在医院，她笑脸伺候丈夫，但丈夫还是离开了人世。丈夫离世前，拉着妻子的手说："连凤啊，这些年把你拖累苦了。我走之后，你再找一个好人家，不要再难为自己。"

失去丈夫后，邢连凤面对着痛失独子、终日郁郁寡欢的年迈的公公，幼小的孩子和这个债台高筑的家，把丧夫之痛埋在心底。无论生活多苦，无论农活再累，她每天早晨都早早起床，把一碗热腾腾的鸡蛋羹端到公公面前。虽然条件差，但她总是千方百计地变着法给老人做好吃的。老人牙口不好，吃不了硬饭，她就多包饺子、做面食，宁愿亏着自己。公公望着日渐消瘦的忙碌的儿媳，心痛地说："连凤啊，我太拖累你了。"每当听到这话，邢连凤总是安慰公公："爹，兴法没了，我就是你的亲闺女，我绝不会撇下你不管的。"

许多热心人，都很同情邢连凤，纷纷给她介绍对象。邢连凤对介绍人说，出嫁可以，但男方必须接受她带公公出嫁的要求，否则，再好的条件也不嫁。男方听到这个消息，一个个都打退堂鼓了。本村有个叫冯应全的小伙子，对邢连凤的不幸，看在眼里，疼在心里，又打心眼里佩服她的贤惠和善良，农忙时经常帮她干活。天长日久，两颗心贴近了。在好心人的撮合下，1997年秋天，邢连凤带着公公和女儿嫁到了冯家。重新建立家庭后，夫妻俩齐心协力，日子渐渐有了起色。为了还债，除了承包五亩果园，邢连凤还喂养了60多只长毛兔、10多头猪。夫妻俩还磨过豆腐，收过破烂。不管怎么忙，邢连凤对公公的照顾始终是无微不至的。怕公公寂寞,她和冯应全从微薄的收入中挤出钱来给公公买了一台电视机。2005年春天,公公得了肺炎,卧床不起,村里的医生治不好,她和丈夫不顾农活忙,借来三轮车连夜把公公送到县城医院治疗。住院期间,她天天守候在公公的病床前,端屎端尿,喂饭喂药。在她的精心照料下,公公的病情渐渐转好,邢连凤却瘦了一圈。等到公公出院回到家时,已经错过了果树授粉的时机。老人感动得逢人就夸:"连凤真是俺的好闺女呀!"同样,对冯应全的父母,邢连凤总是嘘寒问暖,有活抢着干,有好吃的总不忘给老人送去。

一个普通的农家妇女,为人妻,为人媳,为人母,一个柔弱的女子用真诚,用爱,用孝,用坚强和毅力,为这个家撑起了一片美丽的天空。邢连凤带着公公出嫁,孝敬老人的事迹成为当地人学习的榜样,在她的影响下,整个焦坡村婆媳关系和谐,村风纯正。她多次被镇、县、市妇联评为"好媳妇",被山东省老龄委、省妇联、省文明办、省民政厅评为"尊老敬老好儿媳",她的家庭也被评为"齐鲁文明一家人"。

(图片来源:http://shandong.sdchina.com/WorksDetail_112210.html)

类似邢连凤带着公公改嫁的故事在当代有好几起，我们可以从中看出当事人和已逝的前夫及家人深厚的感情，还能看出她作为媳妇、晚辈对长辈的孝心，更能看出她宽广博大的胸襟和无私的奉献精神。她们的事迹也让我们认识到：孝的基础是感情，孝的条件是胸怀，孝的代价是牺牲。只要具备了这些，任何已婚妇女都可以做一个贤德的好媳妇。

（五）张娇——背着母亲上大学的最美大学生

在河南商丘工学院读书的张娇原本有一个幸福的家庭，上有疼爱她的父母，下有可爱的弟弟，但这平静的生活被突如其来的意外打破了。2014年，正在张娇备战高考冲刺时，父亲因病去世。忍着悲痛，张娇坚持完成了高考，并以高出二本20多分的成绩被商丘工学院市场营销专业录取。还没等一家人走出伤痛，正当张娇准备开始大学生活时，噩耗再次传来，她的母亲因操劳过度突发脑出血，虽经全力抢救保住了性命，最终还是半身不遂，失去了自理能力。几乎是一夜之间，家庭的重担一下子全落在了张娇的肩上。

在医院照顾母亲的日子里，张娇想了很多，年轻的女孩第一次感到了人生的无常，感受到了生活的压力。如何才能照顾好母亲？该怎样完成学业？又应该如何供养弟弟？思前想后，张娇下定决心——她要背着母亲去上大学，用勤工俭学和假期打工撑起这个家。

为了兼顾学业和照顾妈妈，大学期间，张娇和母亲租住在学校附近一间不到20平方米的出租屋里。每天放学，张娇就第一时间回家，买菜、做饭、打扫卫生、洗洗涮涮、给妈妈喂饭、给妈妈按摩、搀扶妈妈进行恢复训练……一忙完家里的大事小情，张娇再飞奔回学校完成当天的功课。除了繁重的家务和紧张的学业，张娇还要承担巨大的经济压力：日常生活需要钱，母亲吃药需要钱，自己和弟弟读书也需要钱。为了节省，母女俩的花销已经节俭到了极致，生活费一天只有六七元钱，买菜也要到很远很远的菜市场去。为了多挣钱，每个周末或假日，张娇都要外出打工，白班、夜班连着干，有时候一天干活要超过12个小时。

母亲常年缠绵病榻，看着辛苦的女儿忙里忙外，总是暗自悲伤，精神抑郁。为了开解妈妈，张娇总是一边给母亲按摩，一边开导母亲说："妈妈在哪儿，哪就是家；只要妈妈在，我的家就在。"每每劝好了母亲，张娇已经泪流满面。在她们租住的屋子墙上，贴满了张娇喜欢的励志格言和她为母亲制订的锻炼计划。在张娇无微不至的照料和鼓励下，慢慢地，母亲对康复也有了信心，微笑有时会不自觉地显露在母女二人的脸上，那是一种面对苦难生活的豁达。

在学校的时候，张娇很少在同学面前提及自己家中的情况，她是个要强的姑娘，不想给大家添麻烦。她虽然身处困境，但阳光开朗，懂得感恩。每次学校组织为困难师生献爱心，她都积极参加。2015年10月，学校组织为护理学院身患骨癌的同学募捐，本就拮据的张娇带头慷慨捐出了100元。

张娇凭着不向命运低头的精神和坚韧不拔的耐力，出色地修完了大学的全部课程。她还担任过学院青年志愿者文体部的副部长，在各种活动中出色地完成任务，得到了老师和同学们的一致好评。

见证张娇努力的是国家励志奖学金、河南省2016年度文明学生、河南省三好学生、商丘好人、河南民办教育十大新闻人物、2015年感动商丘工学院年度人物、河南省首届最美大学生等一个个荣誉。面对这些,这个女孩总是轻轻一笑,她说:"孝亲敬老是每个人都应该做的,我不觉得累,也不觉得苦,跟妈妈在一起的日子,再苦也是甜。"

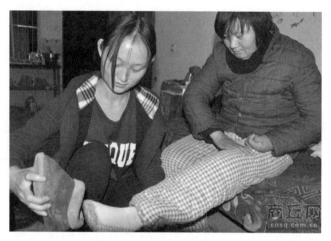

(图片来源:商丘网)

背着母亲上大学,既要照顾母亲、又要读书学习,还得打工赚钱,张娇承受着多重压力。是什么力量让这个柔弱的姑娘变得坚强,让她能顶住压力,最终完成学业?是爱,是孝,是亲情,根植于内心的亲情、爱心和孝意,会焕发出巨大的能量,让人无坚不摧。

(六)谢淑华——用板车拉着母亲游走全国的退休教师

2014年,一则奇闻轰动了全国。63岁的江苏省徐州市丰县退休女教师谢淑华,做了一件让91岁老母亲特别高兴的事:她拉着人力板车,历时一年,行程2.4万多公里,带着妈妈环游中国,完成了妈妈"一辈子在锅台边转,也想出去走走"的心愿。

第五章　孝老德范载千秋　爱亲和美吟新曲

　　为什么非要拉着板车带老母亲出游？谢淑华老师说："妈妈愿意出去走走，我就愿意拉着，孝心不能等，我们能走多远就走多远。"此外，还有一个缘故，谢淑华的妈妈晕车。谢淑华说，之前也曾开车带着妈妈去徐州，但上车短短十几分钟，老人就头晕，"下车就吐，饭也吃不下"。说来也巧，2013年4月，一个偶然的机会，谢淑华结识了来徐州宣讲孝道文化的王锐老师，得知他要组织一个"人力房车"队，拉着父母周游中国，这和自己多年的想法不谋而合，谢淑华当场就报了名。"这次恰逢好机会，5个家庭一起拉车带老人出行，我当然要参加。"就这样，2013年5月，谢淑华说走就走，拉着车，带着妈妈从上海出发，一路北上，目的地是北京。

　　没有导航仪，没有电动助力，靠一本地图册和沿途问人，谢淑华用肩背着纤绳，双手拉着板车载着妈妈，以每天80里的速度行走。

　　谢淑华拉着的这辆名为"感恩"号的板车是由上海一家爱心企业捐赠的特制房车，紫红的车顶，带窗的车身，里面放着被褥、简易炉灶和修车工具，谢淑华还在里面放上老人爱吃的面条、煎饼、肉酱。上海东方明珠塔、南京玄武湖、河南少林寺——每到一处，老人总是笑呵呵的，十分开心。43天后，行走3 500多里，车队顺利到达北京。当到达天安门广场，走进毛主席纪念堂时，看到妈妈满脸的兴奋，谢淑华终于舒了一口气，"我心里从没有这么满足过，因为我从没有见过妈妈那样开心，笑容那么灿烂。"

　　在路上，妈妈曾提出要放弃。那是在从河北去北京的路上，得知女儿两只脚板都磨出了血泡，妈妈坐在车里不肯吃饭，嘴里念叨说："不走了，不能把你累坏。"谢淑华事后对人说："当时我就跪在妈妈面前，我说当年您吃树皮、吃柳条,拉扯我们姊妹五个吃了那么多苦,只要您身体好,愿意出来走走,我就愿意拉着你。""要知道,那个年代,吃都吃不饱,更何况妈妈一直坚持供我们上学。"谢淑华出生于1951年,到了上学的年龄,又正逢三年自然灾害,周边几百个孩子,很少有人上学,可妈妈说:"只要不饿死,就供你上学,必须有文化,才能有出息。"

2013年6月,车队到达北京后,旅行并没有结束,谢淑华打算带妈妈去更远的地方。这一次出行,她还多了一个想法——沿途宣传传统孝道,让更多老人都能幸福。"我愿意分享我的故事,希望更多的儿女孝敬老人,孝心不能等。"2013年9月17日,谢淑华再次出发,带着妈妈南下,目的地是海南。2014年1月8日,谢淑华拉着妈妈踏上了海南岛,马年春节,母女俩就在海边过年。

2014年5月,回到丰县后,谢淑华又应邀走进机关、学校、社区等公益讲堂,宣讲孝道文化,她说:"孝行是个人修为,传孝是社会责任,百善孝为先,只有首先对自己的长辈好,才能推己及人。"

(图片来源:人民网)

第五章 孝老德范载千秋 爱亲和美吟新曲

读完这个故事,有些人可能会觉得不以为然,甚至认为主人公谢淑华是"瞎折腾"。其实,透过这个故事,我们需要思考的是:做儿女的能不能尽最大可能来满足父母的愿望?满足父母的愿望,帮助父母自己无法实现的理想,这不仅是孝,而且是一种更深层次的大孝。

(七)周泊霖——每天下班不忘给父母打洗脚水的企业家

周泊霖是辽宁省大连市知名企业家,尽管管理着拥有16家子公司的企业,但每天下班回家,仍不忘为老父老母打上一盆洗脚水,他给周围的人们和手下员工做了一个难得的榜样。

(图片来源:http://finance.sina.com.cn/hy/20091130/09207032770.shtml)

在9个兄弟姊妹中,周泊霖排行老大。他从8岁起就懂得为父母分担家务,而且一直分担了几十年。16家子公司,几百个员工,繁忙的业务量,周泊霖工作是何等的忙,即便如此,周泊霖也不忘每天下班为老父老母打洗脚水。出差超过3天,父母就会想他。从小到大,他从没惹过父母生气,没让父母为他的事情掉过一次泪。

2002年,周泊霖的母亲被检查出得了脑瘤。医生说,回家给老母亲吃点好的——言外之意,就是治不了了。听医生说完,他当时就掉眼泪了。他不想在父母亲面前落泪,于是一个人到走廊、厕所偷偷地哭。在他看来,母亲就是家里的顶梁柱,母亲有事,家也就散了。周泊霖不甘心接受这个"审判",带着母亲到北京,又到山东淄博,辗转各地求医问药,终于把母亲的病治好了。此后他经常用这件事和大家交流,告诉他们孝心能够创造奇迹。

在他的公司里,孝顺的员工年终奖都会比别人分得多。周泊霖说,在他的公司,孝顺父母者,企业就重用;不孝顺父母者,不可能被重用。考察孝顺不是一两天的事,孝顺的人,天长地久就能看得出来。孝顺是德,有德又有才华,这种人就可以重用。"首先装点自己的心灵,然后描绘大千世界"是公司的经营理念。正因为如此,公司几乎找不到不孝顺的人。有了这种美好品德,其他问题都可以迎刃而解。

周泊霖的孝道现在已经有了更深的外延:他为大连市129名孤儿建立了孤儿寄养基金,为5 964名孤寡老人建立了爱心扶老基金,为老劳模、老党员、老红军建立了三老关爱基金,还建立了医疗应急救危基金,累计捐款、捐物达到了1.55亿元。他认为,孝顺是正道,是做人的品德,孝顺两个字涵盖了太多的做人准则。"世界上最大的恩情唯有父母的养育之恩。我的事业有今天,就因为我孝顺,有善心,有回报社会之心。""老吾老以及人之老"恐怕是孝的最高境界,周泊霖做到了。

大企业家,秉平常心,做细小事,尽行孝意,周泊霖为业界做出了表率。

周泊霖的孝行，来源于对孝的深刻认识，来源于浓浓的感恩意识，当事人由己及人，把这种孝心发扬光大，更是一种难能可贵的道德品质。

（八）李金康——50年来一直生活在浓浓亲情中的残疾人

1969年夏天，跟着二哥到崇明岛乡下生活的17岁上海小伙子李金康，在去河里洗澡时因跳水不慎摔断了脊骨，从此瘫痪在床。人瘫痪了，亲情却没有瘫痪，他的父母和五兄妹共同承担起照顾他的责任，有钱的出钱，有力的出力，为这个骨肉亲人的医疗和生活付出了人世间最为可贵的亲情。

1984年和1998年，李金康的父母先后去世，但五兄妹对他的照顾不仅没有因父母不在而有所减弱，而且更加悉心。在此期间，李金康做过6次手术，医疗费全是由兄妹承担的。五兄妹有个不成文的约定：不排轮流值日表，不平摊费用，一切顺其自然地出钱出力。他们还要求自己的配偶不能嫌弃李金康。在五位亲人的照顾下，瘫痪近50年、身高1米8的大个子李金康身上始终清清爽爽。笼罩在浓浓亲情中的他逢人就说："如果不是这些家人，我的人生早就打烊了。"

在李家六兄妹中，除李金康因病未婚外，其余的5位早就成家立业，有的事业有成，有的家庭经济困难，年纪大小不一，身体状况也不尽相同，但不管怎样，他们在照顾李金康的问题上谁都不讲条件。他们说："我们是金康的亲人，金康有病，亲人不照顾，谁来照顾？"大哥李金木虽然年纪大了，身体也不灵便，但照顾弟弟从不缺席。姐姐李金钗在买新房时把朝南的光线最好的房间让给弟弟住。二哥李金森外地应聘时把弟弟一起带去便于照顾作为条件。怕李金康躺在床上闷得慌，李家兄妹经常带着他外出旅游，还教他学会了用QQ视频聊天。为了让李金康高兴，一大家子时常集中在一起聚餐，营造一种其乐融融的亲情氛围。他们不仅自己照顾李金康，还教育下一代接过照顾的接力棒，把亲情传到第二代、第三代。他们说："只要李家人在，金康就不会遭罪。"

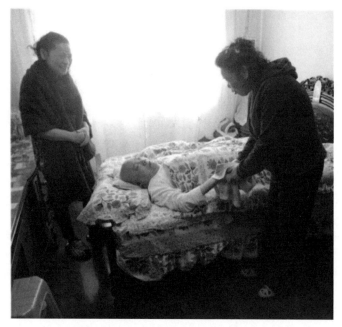

（图片来源：http://news.12371.cn/2015/03/17/ARTI1426551845597927.shtml）

在当代中国，上海李家的故事不是个例，但也不普遍。通常的情况是：父母在，由父母照顾，兄弟姐妹们适当帮帮忙；父母去世了，就把当事人推向社会，或交给养老院，或交给救助机构。这样做，于理于法虽不为不妥，但让人感受到的是家庭的冷漠，李家兄妹的做法让我们实实在在地看到了亲情的可贵。

（九）《小姑贤》——一部反映婆媳、姑嫂关系的传统戏曲

《小姑贤》是一出家喻户晓、常演不衰的传统戏曲，评剧、吕剧、花鼓戏

第五章 孝老德范载千秋 爱亲和美吟新曲

等很多地方剧种都曾上演过。此剧有很多版本,各种版本在内容和细节方面也略有出入,但基本情节大体相同。这是一出反映婆媳、夫妻,尤其是姑嫂关系的家庭生活戏。戏的基本情节是:婆婆姚氏25岁就死了丈夫,含辛茹苦地将一儿一女抚养成人,女儿英英生来聪明伶俐,儿子继孟十分孝顺。继孟长大后娶妻,夫妻俩感情很好,但带有严重封建思想的婆婆姚氏很不喜欢这个媳妇,偏爱女儿,爱如掌上明珠,对媳妇却视为眼中钉,常常无事生非地大骂媳妇。一天,媳妇给婆婆端上早饭,婆婆挑剔地说她做的饭菜缺盐少酱不对胃口,并故意为难媳妇,要媳妇马上做出86样饭来给她挑选。媳妇实在没有办法给她做出,姚氏就借此说媳妇故意和她作对,拿起鞭子就打。这时,恰好女儿英英进屋,连忙劝解,答应去替母亲另做一碗面来。其实英英根本没做,而是把嫂子做的那碗面端出房转了一圈,又重新端了进来。姚氏以为真是女儿做的,一面吃一面不住地夸奖。姚氏吃过饭,又找媳妇的碴儿,嫌她扫的院子不干净、纳的鞋底儿不整齐。英英见母亲又责怪嫂子,就说扫院子和纳鞋底儿这些事儿都是自己做的。姚氏立刻转怒为喜,夸自己的女儿能干。英英见母亲这样偏心,很不满意,便当场说出了真相。姚氏恼羞成怒,反咬一口把罪名全加在媳妇头上,说她把小姑子教坏了,要把媳妇打死。英英见事情要搞糟,急中生智,一方面劝母亲把嫂子交给哥哥管教,另一方面教哥哥怎样假装打嫂子。继孟按照妹妹的计策,故意气冲冲地把妻子拉进屋里,用棍子打椅子垫,让妻子装哭和装死哄吓母亲。姚氏以为媳妇真的被打死了,闹出人命自己要吃官司,吓得直打哆嗦。英英见母亲后悔,才假装去救嫂子,嫂子也装作死而复生。姚氏见媳妇醒了过来,这才放了心。英英这时却假意要去投井自杀,哭闹着说怕自己将来出嫁后,也遇到像母亲这样的婆婆。姚氏见此非常着急,只好答应女儿提出的条件:以后不给嫂子气受,让嫂子吃穿都与自己一样。从此以后,姚氏不再挑媳妇的毛病,这个家庭,婆媳和睦,幸福美满。

(图片来源:http://www.t3.com.cn/ticket_-8569719565260224693.html)

婆媳关系、姑嫂关系是家庭关系中最为难处的两组关系,而这两组关系又常常交叉、扭结在一起,成为处理家庭关系、建设家庭文明的障碍。这出《小姑贤》之所以在中国民间常演不衰,就是因为戏剧能够从正反两个方面告诉我们,什么是正确,什么是错误,应该如何处理这两组关系。时至今日,戏剧所反映的生活现实仍然具有较强的现实意义。

(十)田仲生——孝子故里的大孝子

湖北省孝感市是全国唯一的以"孝"字命名的地级市。这个地区具有光荣的行孝传统,古代董永卖身葬父、感天动地的故事尽人皆知,当代大孝子田仲生的行孝故事在孝感当地、在湖北家喻户晓。

田仲生是孝感市孝南区广场街园林社区的一个普通市民，是2017年孝感市第九届"十大孝子"特别奖的获得者，是2017年11月荆楚楷模月度人物。据《湖北日报》、荆楚楷模网等媒体介绍，生于1947年的田仲生，是家中的老二，一辈子没和父母分开过。他的母亲在他的精心照料下，一直活到113岁才离世，成为孝感地区最长寿的老人。

为了照顾父母，田仲生放弃了很多本来属于他的东西。1961年，因家境贫寒，14岁的他把读书的机会让给了哥哥，自己休学挣钱帮助父母养家。1966年，正是当兵光荣的年代，19岁的田仲生瞒着父母报了名，临行前，望着鬓发斑白、老泪纵横的父母，他放心不下，大哭一场，硬是放弃了当兵的梦想。1970年，年过六旬的父母下放到云梦县，考虑到年迈的父母和年幼的妹妹需要人照料，已是市棉线厂工人的田仲生毅然放弃工作，卷起铺盖卷，随父母一起下乡。这一去就是10年。在此期间，八旬父亲去世。1980年，从云梦县返城后，田仲生回到改制后的孝感市毛巾线业公司。1979年，公司倒闭，50岁的他成为下岗工人，先后在城里回收废旧塑料，到建筑工地和食堂打小工，当时一个月的收入只有30多元。虽然日子过得很苦，但他从来都不动母亲的退休金。

田仲生住的是商铺集中的府前街临街的一楼房子，很多商家出重金租房，都被他拒绝，他说："一楼母亲住这方便，也可以出门走动，晒晒太阳。"房子出门就是菜市场，每天早上，田仲生总是以最快的速度买完菜回家给母亲做早餐。

(图片来源:http://www.cnhubei.com/xwzt/2017/jckm/mtjj/201801/t4060209.shtml)

2012年6月,母亲起夜不小心摔伤,从此卧床不起。大伙都说老人岁数太大,恐怕过不了这一关,可田仲生不相信,更不放弃。服药之外,他用红枣山药汤、莲子红薯小米粥,换着方子给母亲吃,晚上就睡在母亲床边,硬是把母亲从鬼门关上拉了回来。母亲起床不方便的几年,吃饭都是由田仲生盛好端到床上,洗脸刷牙也在床上。为了照顾母亲,田仲生一生都没出过远门,在母亲卧床期间,田仲生每次上街办事都不超过两个小时。母亲能动的时候,他总是"狠心"地让她自己吃饭锻炼手臂,搀扶她下床上厕所,让她活动腿脚。如果不是天寒,就每天扶母亲到院子里散散步。

"他们家特别干净,没有一点气味。"同住在一个院子的李爹爹说,"要不是田仲生对母亲无微不至的照顾,黎婆婆可能活不了这么长时间啊。"

如果从1970年下放云梦县算起,到2017年母亲113岁去世,田仲生照顾父母47年,人生大部分年华都献给了父母,无怨无悔,乐此不疲。这就是田仲生的孝行,平凡、质朴,难能可贵。田仲生用他的孝行为新时期中华儿女竖起了一个标杆。湖北省楹联学会的一位学者闻知,深受感动,撰写了一副对联:

"弃一己追求，将血汗书成平民大爱；侍双亲左右，用心谱就孝道华章。"这副对联既是对田仲生一生的高度概括，也是对他的孝行的高度赞扬。

■ 三、孝老爱亲共同责任

孝老爱亲是一个古老的话题，只要有一定的文化素养和起码的道德水准，谁都不会否认它的价值。随着社会的进步和人类文明程度的不断提高，孝老爱亲作为一种道德文明也在发扬光大。但是，我们也应该看到，在现实生活中，由于种种原因，在如何行孝、如何处理家庭成员之间关系的问题上，有相当一部分人做得很不好，虐待老人、夫妻反目、父子成仇、骨肉相残等事情屡屡发生，可谓触目惊心，有的甚至到了令人发指的地步，这和我们这个拥有五千年文明史的国度很不相称，更和我们努力建设的社会主义精神文明的要求极不相符。有些事情的发生，是因为人的品质和修为不高所致，有些事情的发生还有着深层的社会原因，譬如人口老龄化问题、独子时代的养老难问题、农民工进城演绎出的农村空巢老人和留守儿童问题。这些都是涉及全社会、关乎国计民生的重大社会问题，需要党和国家、地方政府和企事业单位以及我们个人来共同解决。这些问题如果解决不好，孝老爱亲很可能就成为一句空话，家庭文明乃至整个社会主义精神文明建设都将大打折扣。

（一）孝老爱亲的"老问题"

1. 不孝子孙增多和家庭关系紧张问题

行孝、赡养父母，是子女的责任和义务。古人云："羊有跪乳之恩，鸦有反哺之义。"父母把子女养大，子女为父母养老，天经地义，于情于理，都是在所不辞之事。我们国家颁布的婚姻法、老人妇女儿童权益保护法等相关法令中也明确规定，子女要孝敬、赡养父母，不允许虐待、遗弃老人。可是在现实生活中，不亲、不敬、不孝、不养，甚至虐待、遗弃父母的不孝子女却为数不少，他们中的有些人已经到了丧尽天良、禽兽不如的地步。近年来，媒体不断曝光此类事件，引起了全社会的广泛关注：

据2010年5月26日《今日说法》报道，北京市通州区张梓庄村，80多岁的老人柴玉吉，一生含辛茹苦养育了5个儿子，但老人最后却被活活饿死。死前，老人的床头还摆放着儿孙的照片。

同样是首善之区的北京，2009年1月23日，大兴县（今为大兴区）黄村镇发生了一起灭门案，案犯男主人李磊因琐事把父亲、母亲、妻子、妹妹和两个儿子用利器杀死，造成惨绝人寰的人间惨剧。这个案件曾被央视等各种媒体报道过，令人唏嘘。

据2007年8月6日东北网转载的《江南都市报》报道，江西的一对76岁、育有8个子女的老夫妻罗贱根夫妇，被儿子安排到猪圈居住，儿子不仅不供养，还让父母缴纳房租。

据2016年7月16日中国广播网报道，在重市万州区北山街道殡仪馆的灵堂内，逝者陈老太太的长子和长孙，父子二人大闹灵堂，当众摔碎老人的骨灰盒，引起公愤，被指禽兽不如。

类似的情况在全国各地，尤其是农村经常见到，因为拆迁补助款的分配问题，因为兄弟赡养老人的分工和生活费问题，因为老人生病住院费用问题……兄弟姐妹之间经常闹矛盾，甚至大打出手，结果常常是置老人生活于不顾，甚至打骂、虐待、遗弃老人。对此有人慨叹：礼崩乐坏，民风日下！

如前所述，家庭是社会的细胞，家庭文明是社会文明的基石。家庭团结，家庭成员之间和睦相处，互相体谅，彼此敬重，相互关心，即便家庭遇到困境，也能齐心合力、渡过难关。中国古代有很多家庭四世、五世同堂，几十口人生活在一起，却秩序井然，熙熙而乐。反观时下的家庭关系，我们不能不遗憾地指出：有很多人是不善于或不会，甚至是不想好好地处理家庭成员之间的关系，从而导致了家庭成员关系紧张，家庭暴力或软暴力事件经常发生。仔细梳理一下，大体有如下四种类型：

一是不养父母甚至虐待父母；

二是兄弟、姐妹、妯娌等平辈之间不团结，矛盾重重，有的面和心不和，有的视同路人甚至仇人；

三是夫妻不和，同床异梦；

四是对孩子不负责任，或溺爱、放纵孩子，或苛求、虐待孩子，使孩子身心受到损害，不能健康成长。

分析起来，造成上述情况有以下几种原因：

首先是经济原因。很多家庭还没有摆脱贫困，在住房、教育、就业、医疗等方面拿不出足够的钱来，收入远远抵不上支出，这就使得兄弟姐妹在赡养老人、夫妻处理家庭开支等问题上出现矛盾，从而导致兄弟、姐妹、妯娌和夫妻等关系紧张。

其次是环境影响。很多子女不能善待父母,很多儿媳虐待公婆,很多夫妻发生矛盾乃至离婚,都与他(她)们置身的周边环境不无关系。常言说"近朱者赤,近墨者黑",周边环境里这样的人多了,缺乏好榜样,一个跟一个学,不以为耻,反以为荣,见怪不怪,习以为常,久而久之,也就变成同样的人了。在东北某农村,当地的很多姑娘订婚,都向男方家庭提出四大苛刻条件,而且约定成俗:一是到县城买楼房,二是婚后不还债,三是婚后不和男方父母一起住,四是不赡养男方父母。这和讲究孝道的中国传统,简直是大相径庭,令人难以置信。

最后是教育不到位。家庭教育缺失,父母言传身教不够,学校教育功利化,思想品德教育形式化,落不到实处,社会教育形同虚设,导致相当一部分人认识水平和道德水准低下,缺乏自律。解决这类问题,必须加强教育,从复兴优秀传统道德文化入手,切实解决实际问题。

2. 人口老龄化和独子时代的养老问题

人口老龄化是困扰中国经济和养老事业的一个重大问题,据全国老龄工作委员会办公室预测,到 2020 年全国 60 岁以上老年人口将增加到 2.55 亿人左右,将占全国总人口的四分之一。随着经济的发展和医疗水平的提高,这个数字还将增长,对以家庭养老、子女赡养为主要模式的中国家庭来说,这是沉重的压力。和很多西方发达国家由政府、社会养老的模式不同,以农业人口为主体的中国,几千年来采用的都是子女赡养父母的家庭养老模式。随着小康社会的逐步建成、上班族的扩大、社会养老金惠及人口的扩大和金额的提高,社会养老面也在逐步扩大,但作为处于社会主义初级阶段和世界上最大的发展中国家，子女赡养父母依然是养老的主体。但这种几千年不变的养老模式在世纪之交又遭遇了独生子女政策的尴尬。从20世纪80年代起，国家大力推行独生子女政策，并把它作为一项基本国策，提倡一对夫妻一个孩，这对于控制人口盲目发展、提高人口素质、减轻就业压力和资源消耗，对国家的可持续发展都起到了不可低估的作用。现如今，"50后""60后"随着独生子女的长大也渐渐变老，于是独生子女在工作、教育子女的重压下，还要承担着父母"老有所养""老有所安""老有所乐"的责任和义务。为减轻子女沉重的养老负担，也希望各级政府大力支持养老事业，鼓励社会组织积极参与孝老爱亲的公益事业，全社会共同化解养老这个难题。

3. 农村空巢老人和留守儿童问题

农村空巢老人和留守儿童问题也是改革开放以后出现的新问题，是农村经济体制改革以后，伴随农村劳动力过剩和城市建设兴起，大量农民工进城打工而产生的问题，也与农产品价格过低和中国城乡二元对立的户籍制度不无关系。结果，农村富余劳动力以农民工的身份大量进城务工，除极少数的个别人外，大量青壮年农民工把孩子和老人留在了农村，夫妻双双进城，有的一两年才回去一次，有的几年都回不去一次。据了解，在江西、安徽、河南、广西、湖南、甘肃等农村，尤其是偏僻贫穷的农村，基本看不到青壮年的影子，剩下的只是一些七八十岁的老人和几岁、十几岁的孩子。这种现象还在呈扩大趋势。有人做过统计，说现在农村空巢老人有1.5亿之多，如果属实，这个数字非常惊人。这样一个庞大的群体，老无所依。年老的父母常年看不到子女，年幼的孩子常年看不到父母，作为家庭，亲情何以体现？所幸，现在通信技术发达，人们可以通过电话、手机、微信、音频、视频等方式沟通交流，否则情何以堪？

伴随着农民工进城、农村空巢老人和留守儿童问题的是一连串其他问题的出现。一个问题是年迈老人的照顾问题，老人到了七八十岁，都需要不同程度的照顾，可现在的情况是，年迈的老人不仅得不到子女应有的照顾，还要反过来为子女照顾他们年幼的孩子，其情况可想而知。另一个问题是，爷爷奶奶、外公外婆照顾孩子，往往由于方法不当，娇惯放纵，常常造成孩子学业荒疏、品质变差和心理发育不良，逃学、泡网吧、沉迷手机和打架斗殴等现象普遍存在于这部分孩子身上。

（二）孝老爱亲的"新钥匙"

如何破解孝老爱亲的"老问题"，是摆在社会和子女面前的一个"新课题"，需要引起高度重视，并切实加以解决。孝老爱亲虽属道德文明方面的问题，但道德文明方面的问题不能仅仅靠道德文明本身来解决，需要制度、法律、政策、经济、社会等各个方面的支持，只有互相配合，通力合作，才能攻克这些难题。

譬如：大力发展养老事业，鼓励兴建养老院，提倡自助和抱团养老；制定政策，保护独生子女权益，切实减轻独生子女的养老压力；壮大社工队伍，健全社区功能；拆除藩篱，打破城乡户籍限制，破解二元户籍难题；均衡教育资源，加大廉租房、解困房建设力度，让进城务工人员在住房、子女就读等方面享有和城里人同等的待遇；发展、壮大农村经济，让农村富余劳动力就地上岗就业；加大财政投入，逐步提高社保、医保和农村合作医疗补助及报销标准；成立各种以"孝""敬老""关爱"为主题的基金会和民间组织，发挥社会力量行孝、助孝、解困；增加探亲假、护理假的天数，推行带薪休假制度，为在异地工作的子女"常回家看看"提供保证。

我们高兴地看到，近年来，在党中央的关怀下，有些问题已开始解决，有的问题已提上议事日程。如：国家全面放开二孩生育政策；二、三、四线城市取消入户限制，全面放开户口；有的省市延长了探亲假、护理假和丧假的天数，提高了独生子女的补贴标准；有的社区还兴建了老年食堂，为独居或生病的老人免费提供义工，服务等。这些现象说明，倡孝、行孝在我国已经开始往制度化、常规化方向发展，这为孝老爱亲的实施、孝文化的弘扬以及家庭道德文明建设提供了有力保障。

"孝，礼之始也""德乃人之本，孝为德之先"，孝敬老人不是负担，而是必须承担的责任，必须坚守的品德。

作为年轻一代的子女，在各级政府给予的政策支持、制度保障，以及社会给予的各种优抚情况下，我们不能有"等靠要"的依赖思想，应当主动担负起敬老养老的责任，让自己的人性之美绽放光华，知恩图报，让老有所养、老有所安、老有所乐，有家庭靠山。

作为年轻一代的子女，要有孝老爱亲的坚守精神，用坚韧与善良，践行孝敬老人的美德。在物质赡养的同时，赡养老人注重精神赡养，在当前快节奏的生活中，处理好忠与孝的关系，把工作与陪伴老人的时间妥善调节好。工作时要心系父母、心系长辈，方便时常回家看看。常问候老人，一个电话、一句问候、一条短信或微信，甚至通过网络聊天，让孝心化作持续的惦念，温暖长辈之心，让老有所养、老有所安、老有所乐，有亲情守护。

作为年轻一代的子女，要践行孝道传承精神，对自己的子女也要做好孝心教育，从幼儿抓起，言传身教，以身作则。家庭环境会为孩子涂上抹擦不掉的生命底色，好家风才有好子女，子女教育得好，社会风气好才有基础。要从小在孩子心中播下"孝"的种子，让他们明白"你养我一小，我养你一老"的道理，使传统孝道在耳濡目染中深入人心，世代相传，也让老人享受到儿孙绕膝的天伦之乐，让老有所养、老有所安、老有所乐，有幸福源泉。

作为年轻一代的子女，要发扬孝老爱亲的仁爱精神，将孝行由家庭伦理拓展到社会，积极参与社会养老助老公益活动，为老人提供亲人般关怀的敬老服务，让老人的心理得到慰藉，感受到温暖，让老有所养、老有所安、老有所乐，有社会关怀，用实际行动让孝行天下，让社会处处充满文明和谐。

我们期待更多的人以儿女之心孝敬每一位老人，让点滴温暖汇聚成文明源泉，让小事小善凝聚成大爱大德。这是社会文明进步的标志，也是让老人晚年生活幸福用之不竭的源泉，也能让我们挚爱的人，以及我们自己，能够有尊严地走进暮年。

建立和睦、安定、和谐的家庭，逐步形成一种健康、阳光、民主的社会风气，提高中华民族的整体素质，需要家庭成员的真心投入，彼此互相鼓励，互相欣赏，互相支持，互相关爱，互相体谅，用和谐文化滋养和谐家庭，每一个家庭成员都有义务营造和维护家庭的快乐氛围。积极传播中华民族传统美德，传递尊老爱幼、夫妻和谐、邻里团结的观念，倡导忠诚、责任、亲情的理念，推动人们在为家庭谋幸福、为他人送温暖、为社会做贡献的过程中提高精神境界，培育文明风尚。

四、结语

社会文明始于家庭文明,做文明人要先从孝老爱亲做起。孝老爱亲作为一种伦理道德和家庭文明,为中华民族的团结作出了重要贡献。作为中华传统价值观的核心和基石,它深深地植根在每一个中国人的心中。历史是一面镜子,它照出了中国人纯洁美丽的心灵;家庭是一把尺子,它量出了中国人的道德风范。古往今来那些数以亿万计的严父慈母、孝子贤孙、仁兄惠嫂的故事,足以惊天地泣鬼神,将永远铭刻在一代代中国人的心中,成为中华民族最珍贵的精神财富。

当历史掀开新的一页,在中华民族伟大复兴的中国梦逐渐变成现实的今天,作为曾泽被中华民族几千年光荣传统的孝亲文化又放射出了熠熠的光彩,在与时俱进,不断充实新内容的时代语境下,又获得了强大的生命感召力。我们相信,只要青山不老,亲情就不会老去;只要家庭还在,孝老爱亲的传统就不会丢失,并且会发扬光大。

后　记

　　党的十九大为我国发展标定了新的历史方位，中国特色社会主义进入了新时代。在新时代背景下，为深入学习贯彻习近平新时代中国特色社会主义思想，更好地推动精神文明走向自觉、走进百姓、走在实处，我们策划编写了《让文明流行起来》一书，旨在弘扬文明精神，倡导文明行为，激励人们崇尚和践行助人为乐、见义勇为、诚实守信、敬业奉献、孝老爱亲等高尚品德和价值追求，忠于祖国、忠于人民，以良好的个人道德素养汇聚起文明的磅礴力量。

　　此次编写《让文明流行起来》，主要遵循简洁、通俗、翔实、实用的原则，在实例的选取、安排上，力求事例典型，评析深刻，逻辑严密。在编写该书过程中，参照了有关学术界前辈、同人们的研究成果，案例内容和图片多数来源于中国文明网和报刊登载的资料，在此一并表示感谢！

　　时代在发展，社会在进步，精神文明领域有许多新的课题需要研究，希望《让文明流行起来》的出版能够起到推动社会文明进步的作用，将文明种子播撒到人们心中，让它开枝散叶，绽放出文明花朵，闪耀出文明之光，照亮人生前路，引领社会风尚。

　　编写本书，编者虽然经过了长时间的酝酿，但仍然不可避免地存在诸多不足和缺憾,特别是书中涉及的内容较多,有些只是点到为止,没有系统展开论述,影响了本书的整体深度,在此深感不安和诚挚歉意,敬请专家和读者不吝赐教。

编　者

2019 年 7 月